20 世纪中国图书馆学文库·9

中国现代圕概况

金敏甫 编

圕 國家圖書館出版社

本书据广州图书馆协会 1929 年 5 月版排印

凡　　例

本书叙述民国以来中国圕事业之状况，凡与圕事业有直接之关系者概行列入。

本书所述以民国元年至十六年六月为范围。

书中"圕"一字均代图书馆三字（详后）。

民国以来关于圕学之书籍论文为数颇多，本书特选要目刊篇末附录中。

篇末附录中之全国圕调查表系根据中华圕协会所调查而加以增订者。

圕学术为圕事业中最重要之部分，且在民国以来有极大之进步，故本书述之最详。

关于民国以前之中国圕事业作者，正拟编述详史，倘蒙海内贤达供给材料，无任欢迎。

本书所述难免有挂一漏万之弊，敬祈阅者原谅并请赐正。

新字之说明——本书中，凡"圕"一字，均代表"图书馆"三字。此字为圕专家杜定友先生所发明，按吾人之办理圕或研究圕学者,每日之接触与应用图书馆三字,不知凡几,惟此三字,笔划颇繁(总共有四十笔,即草体亦须十余笔),书写甚感不便,是以杜先生有此字之发明,取图一部分"囗"以代全体,置书字于其中,而囗字本有地域之意,故以此作馆舍于义亦妥,因此"圕"一字,代图书馆三字,颇无欠强之处,书写之劳,可以减省许多,若书草体,则成圕,仅有六笔,尤为便利。其他方面,亦多经济,以本文而论,共有"圕"二千余字,因每字省去二字,故可省去六千余字之篇幅,而于阅者与排者之时间精力,尤属经济。兹承杜先生之许可,准用此字书此鸣谢。

编者

目　次

一　引言

　　圕之需要及其经营方法，论者多矣，而关于吾国圕事业之状况，竟尚无系统之记述，足供研究，实为憾事。不佞深感吾国已往之圕事业，在民国时代，为进步最速时期；圕之创设，由十余所而增至五百余所；人材之培植，由短期讲习，而成为大学专科；至若管理方法之改良，圕学术之进步，尤多可述之处。因就管见所及，先撰中国现代圕概况一文，以为编辑中国圕史之第一步工作。稿成之时，适值国民政府建设计划之始，政府诸公，对于圕事业，夙极热心，关于全国圕之应如何建设，谅已早有成竹在胸，我国之圕事业，正大有所望。作者并将个人之小小意见，附诸篇末，以供当局之参考云尔。

二 圕事业概论

（一）圕事业之范围 圕之职责，在昔只以藏书为事，各国殆皆如此，故其业务，不过保存得宜，不至散失而已。殆后，渐经改良，遂于保存之外，更注意于使用之途，于是关于管理方法，遂有改革，而圕事业，遂不仅为机械之工作，而有研究之价值，圕学术遂以产生。其后因办理之方针渐改，而研究之问题愈多，圕学术，遂成为专门之科学；办理其事者，非有专门训练，不足以应付，于是有训练人材之圕学教育；圕事业既发达，而各圕之间，遂为共谋改进起见，而有会社之组织，而所谓圕事业者，内容日见繁复，而范围亦愈趋广大矣。

（二）中国古来之圕事业 吾国之圕事业，发源颇早，惟昔日则仅以藏书为事耳。古称《河图》《洛书》，《三坟》《五典》，实以成藏书之规模。禹鼎铸奸，说在山经，似近公开圕。周代重视藏书，以老子为藏书史，实为圕之滥觞。秦代毁书，藏书事业，略受影响。汉兴，建藏书之策，筑兰台石室，以藏古今图书；且其所藏，可供儒臣之参考；

而中国之图书学术,亦起源于此时。刘向父子,有《七略》《别录》之撰,是为目录之起,班固因《七略》而《志艺文》,尤为中国目录学之名著。此时之私人藏书,亦复颇多,其后,历代相承,均有进步。晋代荀勖,括群书为四部,启四部分类之源,迄今尤多宗之。宋代盛行刻书,藏书较易,成绩大佳。明代访求古今书籍,藏之秘府;并诏修《永乐大典》。清征天下之书,得六万三千余册,分成四库,钞七份而藏七阁,声名震动全球。清代末叶,公开圕渐有创设,至民国而进步益速。圕事业,遂亦渐趋专门,瞻顾前途,当有无穷之进展耳。

(三)东西各国之圕事业　至于东西各国圕事业,日本发源较晚,而事业反盛于吾国。欧美各国,无有不圕满布国内,虽极小村镇,亦皆有圕之设,而其规模之大者,每或藏书数百万册,常年经费数十万元,以视吾国,竟遍寻一处而不可得,不禁有望洋兴叹之感也。

三 圕之趋势

民国以来,圕事业,进步甚速,而圕之趋势,亦有下列几点。

(一)由保存的趋于使用的 吾国古时之圕,以藏书楼名之,顾名思义,可知其目的重在藏书。在国家,则所以保存典籍,使古今图书,永世珍藏,丝毫不至散失,如此而已;而在私人,亦每多尽力搜藏,以为珍玩,则直视图书为古物;而所谓藏书楼者,门首殆皆高挂虎头牌,严禁闲人入内,如此情形,历数千年而未改。实际外国圕亦曾经此时代。清末虽有开放者,但于使用方面,亦未见注意。民国以来,因西洋潮流之输入,深知徒事保存,殊无意识,于是乃注意于使用之徒。而昔日之藏书楼,亦渐有开放阅览,改名为圕,遂不再徒事宝藏,即或珍书秘本,亦渐有设法使之流通者,其于国家文化前途,不无影响也。

(二)由贵族的趋于平民的 昔日之藏书楼,间有许人阅览者,但非士夫官吏,则不得享其权利;虽积学之士,苟无势力,亦不得入其门。盖专制时代,阶级观念深刻,限制之事,在所不免耳。清末民初,图书渐次公开,而不复为贵族阶级所独享。惟其时虽云开放,尚限于智识阶级,故不免仍为一般荣者之专利。迨至近数年来,社会人士,更感普及教育,不能徒恃学校,而社会教育之设施渐多,通俗圕之创设者,时有所闻。阅览人士,无阶级之限制,无年龄之约束,人数务求众多,权利务求普遍,与昔日之藏书楼,几有天壤之别,而此种贵族式之图书,则已罕见于今世矣。

(三)由深奥的趋于实用的 在昔圕之目的,重在保存,虽或使用,每以学者为多,故其所搜书籍,大都为深奥古籍。今日之圕则不然,其所搜书籍,渐趋于实用,以平民之需要为标准,不似昔日之专藏珍本古本,以及精深之书,只足供专门学者之研究而已。

(四)由主观的趋于客观的 此为中国圕最近趋势。在保存时代,徒以保持勿失为事,固无客观可言。其后,虽供使用,但其管理之事,无所谓方法,各事其事,视管理者之意见如何,而定其管理之方法,绝未注意于阅者之便利与否也。近数年来,深感前非,于是有科学的管理方法,处处均用客观方针,视阅者之需要何在,以及使用之便利何若,以定管理之法,于是一事一物,皆经斟酌,绝无武断定套者矣。

(五)由形式的趋于精神的 图书之整理方法,昔日每为形式上之美观,而近日渐趋乎精神上之整齐。以分类制度论,昔日每为形式上之整齐起见,大都中西分置,而近年以来,一般圕学者,无不提倡中西混合之制,不问文字之为中为西,但论性质之若何,而定其归类之标准,此即趋于精神之一例也。

（六）由机械的趋于专门的 近年以来,中国之圕,管理方针,既经改变,于是圕事业,遂亦不仅为机械之工作;渐次趋于专门,而关于圕学术之书,渐见发行;圕管理人员,亦均有相当之训练馆;一切管理制度,皆基原理原则;且各图书为共谋改进起见,有图书协会之组织;社会人士,亦渐感圕事业之深有研究价值矣。综以上所述,可知吾国之圕事业,方兴未艾,虽不能与欧美相提并论,但观念之转移,则已与欧美同趋一轨矣。

四 圕法规

　　圕法令,足以促进圕事业,且可为创办之根据。辛亥而后,我国政府,渐有圕规程与命令之公布,但为数甚少;近年以来,政局屡起风波,对于此种事业,无暇顾及,实属可叹。兹将历年来关于圕之法规,摘要录下。

　　(一)民国四年十月,教育部颁布通俗圕规程十一条,兹照录如下:

　　　第一条　各省治县治应设通俗圕,储集各种通俗图书,供公众之阅览;各自治区得视地方情形设置之。私人或公共团体、公私学校及工场得设立通俗圕。

　　　第二条　通俗圕之名称适用圕第三条之规定。
　　　　　　　各自治区设立之通俗圕称为某自治区公立通俗圕。

　　　第三条　通俗圕有设立及变更或废弛时,依圕第四条之规定分别具报。

　　　第四条　通俗圕得设主任一人,馆员若干人。

通俗圕主任员应照圕第五条之规定分别具报。

第五条　公立通俗圕主任员之任职服务俸给等事项准各署委任据属之规定。

第六条　公立通俗圕之经费预算适用圕第八条之规定,公立学校工场附设通俗圕之经费列入主管学校工场预算之内。

第七条　通俗圕不征收阅览费。

第八条　通俗圕主任员应于每届年终将办理情形依照圕第七条之规定分别具报。

第九条　通俗圕得附设公众体育场。

第十条　私人资财设立或捐助通俗圕者,由地方长官依照捐资兴学褒奖条例咨陈教育部核明给奖。

第十一条　本规程自公布日施行。

(二)同年十一月,教育部又颁布圕规程十一条,照录如下:

第一条　各省各特别区域应设圕,储集各种图书,供公众之阅览,各县得视地方情形设置之。

第二条　公立私立学校、公共团体或私人依本规程所规定得设立圕。

第三条　各县及各特别区域及各县所设立之圕称

公立圕,公共团体及公私学校所设圕称某团体某学校附设圕,私人所设立者称私立圕。

第四条　公立圕应于设置时具下列事项,由主管长官咨报教育部:

一,名称。

二,位置。

三,经费。

四,书籍卷数。

五,建筑图式。

六,章程规则。

七,开馆时日。

私立圕应照前项所列各款禀请地方长官,核明立案;附设之圕由主管之团体学校照前项具报于主管长官。

关于圕之废撤及第一项各款之变更时,应照本条之规定分别具报。

第五条　圕得设馆长一人,馆员若干人。

圕馆长及馆员均于任用时开具履历及任职日期,具报于主管公署并转报教育部。

第六条　公立圕馆长及其他馆员关于任职服务俸给等事项准各公署所属教育职员之规定。

第七条　圕馆员每届年终应将办理情形报告于主管公署列入地方学事年报。

附设之圕报告主管之团体学校转报于主管公署。

第八条　公立圕之经费应于会计年度开始之前由主管公署列入预算，具报于教育部。

第九条　圕得酌收阅览费。

第十条　私人以资财设立或捐助圕者，由地方长官依照捐资兴学褒奖条例咨陈教育部核明给奖。

第十一条　本规程自公布日施行。

自此二项规程颁布后，各地之设立圕者，莫不以此为准则，未设圕者，遂亦先后设立，其于圕事业之前途，有莫大之影响也。

（三）民国五年三月，教育部通令，谓："……凡国内出版书籍，均应依据出版法，报部立案，而立案之图书，均应以一部送京师圕庋藏，以重典策，而光文治……"云云，此盖依据欧美各国而然，实于国家藏书，大有俾益，此国立圕之所当担负之职责也。

（四）民国五年十一月，教育部通咨各省，请各省通饬各省县圕，于搜藏中外图籍之外，尤宜注意于本地人士之著述，以保存乡土艺文。其用意盖因本地人士，每于一地之山川形势，民俗物产等项，载之较详耳。

（五）九年五月，内务部通饬各县立圕，谓："……各县立圕，应将公私藏书，及旧刻板片，印刷器物一律切实搜求，以保存之……"此事虽与圕事业无直接之影响，但于国家文化，则颇有关系耳。

（六）十五年间，教育部训令各县，凡商店出版，及私人著述图书，应以四部送各省教育厅署，由厅分配，以一部呈部，转发国立京师圕，一部迳寄国立编译馆，二部分存各省立圕，及各该地方圕。此条训令，盖依民五所颁，而加以修改者也。按出版书籍之存置国家圕，在美国曾规定于一八四六年，早于吾国五十余年。

以上为中央政府所颁布者，此外尚有各省所颁布者，则为数甚少，类皆属于促进圕事业者，兹不赘述。

五　圕行政机关

圕行政机关者,所以训导督察全国或全省圕事业之发展者也。在欧美各国,每多专设一科,管理圕事务。而在我国,则并无专科之设。关于全国之圕事务,由教育部之社会教育司掌之;各省之圕事务,则由教育厅之社会教育科掌管之。故我国之圕行政机关,大都设属于社会教育之内,并未见有专科之设。民国十年,广东全省教育行政,施行委员制,设委员五人,组织全省教育委员会,而此委员五人中,圕事业委员,亦占其一。中国各省之设圕专员者,当以该省为创举。司其事者,为圕专家杜定友氏。视事者凡一年有余,所办事项,如设立圕管理员养成所,设立圕审查委员会,整理全省圕等,颇有特殊贡献,全省圕成绩遂占吾国各省首席。惜以种种关系,杜君离粤赴沪,而此圕事务委员,遂亦无形取消,良深怅感。

杜君在粤时,曾有组织圕教育科之建议,无奈事未成而杜君离粤,此项议案,遂亦昙花一现而已。兹将杜君所拟组织计划,摘要录下,亦足为民国圕史中之一大纪念事耳。

> 甲,圕教育科之权责:(一)鼓吹圕事业。(二)对于辅助各处圕建设之预备手续。(三)助圕之设立。(四)维持已成立之圕。(五)辅助及改良各圕之进行。(六)联合各圕之共同动作。(七)提高圕事业之标准及性质。(八)提倡学校与圕之联络。(九)促进圕对于社会事业之辅助。(十)扩充圕事业。

> 乙,组织:(一)主任一人,(二)督学四人,(三)二等科员二人,(四)事务员二人,(五)科员与事务员于必要时得临时增减之。

设上述之议案而成立,则吾国之圕省行政机关,堪称先备矣。而广东一省之圕,益将有可观之成绩也。

中华教育改进社第三届年会时,亦曾有"各省教育行政机关应设圕教育科"之提案,但保留而未议。

六 圕会议团体及其议案

关于圕会议之团体,有附属于教育团体者,有独立成为一团体如圕协会者。兹分述如下:(一)教育团体所附设之圕会议,以教育改进社之圕教育组为最有精神,而中华基督教教育联合会,及苏浙皖三省师范附小联合会,则亦有圕组之设;全国省教育会联合会,则虽未设专组,但亦曾讨论及此,兹分述如下:

1. 中华教育改进社圕教育组 中华教育改进社,为中国最大之教育会社,该会为分工研究起见,分成若干组,圕教育亦其一也。该组二员,皆属吾国有名之圕专家,曾集会四次,议决案件凡二十。兹将历届议决案录下:

第一届年会议决案

(1)各校应添设教导用图书方法案。

(2)中等师范学校及高等师范,应增设圕管理科案。

(3)呈请教育部,推广学校圕案。

(4)拟呈请教育部通咨各省省长,转饬各教育厅长,

14

除省会内必须建设省立圕外,凡所属之重要商埠(上海汉口等处),亦应有圕之建设案。

(5)拟呈请教育部,会同财政部,筹拨相当款项,建设京师国立圕案。

(6)凡著作家出版书籍,欲巩固版权,须经部审查备案注册者宜将其出版书籍,尽两部义务,一存教育部备案,一存国立圕,以供众览案。

(7)各市区小学校,应就近联合于校内创设巡回儿童圕,以补充教室内之教育案。

(8)请中华教育改进社,组织圕教育研究委员会案。

第二届年会议决案

(1)呈请中华教育改进社,转请政府及美国政府,以美国将要退还之庚子赔款三分之一,作为扩充中国圕案。

(2)省立圕,应征集各省县志,及善本书籍案。

(3)请中华教育改进社,转请全国各公立圕,将所藏善本及一切书籍,严加整理布置,酌量开放,免除收费案。

(4)组织各地方圕协会案。

(5)请中华教育改进社,备函向国内各大图书公司接洽,凡各地学校公立及私立公开之圕购书,应与相当折扣案。

第三届年会议决案

(1)请中华教育改进社,转请部省凡公立圕,应一律免除券费案。

（2）刊行圕学季报案。

（3）各省公立圕，得附设古物陈列所案。

（4）请本社转请教育部及各省教育厅，于留学科内，添设圕教育科案。

（5）各省宜酌设农村圕案。

第四届年会议决案

（1）规定学校圕购书经费案。

（2）请公立圕及通俗教育圕，增设儿童部案。

以上为中华教育改进社议决案。

2. 全国省教会联合会，曾于第六届会议时，议决："请各省教育会提倡小圕案"，第九届会议时，议决："请教育部，并函达各省区，搜集古籍，以保存国粹案"，及"学校圕购书费，应于预算案内列为专项，不得挪用案"，及"提倡设立公共圕，与巡回文库案"。

3. 又民国十四年，苏浙皖三省师小联合会大会时，有关于儿童图书与圕之议案如下。

（1）研究统计已出版之教科书的内容，作地方小学选用之标准案。

（2）编制儿童读物以应亟需案。

（3）创制初步儿童读物案。

（4）整理民间文学，使成适用的儿童读物案。

（5）调查儿童适用图书，汇编儿童图书目录案。

（6）规定儿童图书的分类和分段，及儿童圕之组织设备标准案。

4.中华基督教教育联合会,亦有圕组之组织,民国十五年二月,举行第一次会议于上海,其所讨论者有:(一)协同编制索引;(二)各圕互借办法;(三)编制与交换各种书目;(四)各圕之预算标准;(五)养成办理合购圕用品之商店;(六)培养圕流通部人员;(七)教员与圕之联络;(八)圕中之中文部;(九)组织委员会等项。

(二)圕协会　圕协会为促进圕事业,联络圕组织之机关,在美国已有五十年之历史,而在我国,则尚未及十年耳。民国七年,北京各圕,有北京圕协会之发起,并已订定章程,因教育部立案未准,加以经费困难,不久即行停顿。民九,北京高师举行圕讲习会时,亦有组织全国圕协会之建议,惟亦因种种关系,未告成立。民国十二年间,中华教育改进社,有组织各地方圕协会之议决,于是各地遂有圕协会之成立。按圕协会,可分全国及各省各地之别,分述如下:

1.全国圕协会　我国之全国圕协会,成立以来,为期不过二年,会务颇有成绩,兹请以详情述之:

民国十四年四月,上海圕协会,因迭接安徽,山西,浙江,河南,江西等处圕之函请,皆以全国圕协会之组织,刻不容缓,而为便利进行起见,地点以在上海为宜;故托该会筹备,该会因即集会讨论,佥谓义不容辞,遂乃从事筹备并定四月二十二至二十五日,为全国圕代表集会之期,会场借南洋大学,各地圕遂先后遣派代表到沪;二十二日下午,开谈话会于南大,到者有各圕代表数十人。次日,开第一次讨论会,议决关于组织办法等项,组织审查会审查后,交大会公决。翌日,通过审查情形,定名为中华圕协会,章程则另组起草委员五人拟定之,二十五日上午,遂将会章逐条通过,而中华圕协会,遂宣告成立;下午,改开成立大会,举杜定友氏为临时主席,议定在美国庚款委员开会时,举行成立仪式;旋即举定职员,董事蔡元培,梁启超,胡适,丁文江,沈祖荣,钟叔进,戴志骞,熊希龄,袁希涛,颜惠庆,余日章,洪有丰,王正廷,陶知行,袁同礼等十五人当选,执行部,部长戴志骞,副部长杜定友,何日章,此后积极进行,不遗余力,并择定北京西城松坡圕为事务所;且为切实研究起见,组织圕教育及分类编目索引出版等五种委员会。五月二十七日,开第一次董事会,推举梁启超为董事部部长。六月二日,在北京举行成立式,各省均派代表前往,由颜惠庆氏任主席,有鲍士伟,韦棣华女士及梁启超氏之演说。六月间,经内务部批准立案;十月间,复经教育部批准立案。而八月间又经政府批准,补助银五千元,经费既有着落,办事稍见顺利。十二月间,与清室善后委员,订立合同,商准借用清室官产一所为会所,但仍因限于经费,未能迁入。其出版刊物,除会报而外,有《圕学季刊》一种。该会并曾于十四年度,开办圕暑期讲习科。其所办事业,如上述而外,并有附设圕,

18

及调查全国圕事业等,均与中国圕事业前途,颇有影响。十五年七月间,改选第二届职员,董事五人,梁启超,颜惠庆,戴志骞,张伯岑,袁希涛当选;执事部,部长袁同礼,副部长杜定友,刘国钧二人,袁君杜君等,对于圕事业,素极热心,该会前途,正有无限之希望也。

2.各省圕协会　各省之组有全省圕协会者,仅江苏一省。民国十三年七月,南京东大暑校,有圕讲习科之设,听讲学员,遍于江苏各县,讲师洪有丰氏。遂有江苏圕协会之发起,当即于八月三日举行成立大会,举洪有丰为会长,施凤笙为副,并由会长聘朱家治为书记,会员有团体七,个人八十余。

3.各地圕协会　各地之已成立圕协会者凡十处:

(一)北平圕协会　为戴志骞等所发起,成立于十三年三月,举定戴志骞为会长,冯陈祖怡为副,查修为书记,会址设于清华学校圕,会员有团体二十,个人三十余。十四年间,改选职员,袁同礼当选为第二届会长,冯陈祖怡为副,查修为书记。十五年十月,复推徐宝鸿为第三届会长,钱稻孙为副,蒋复璁为书记。该会每次开会时,除讨论会务外,并有圕学术之演讲,成绩颇佳。

(二)天津圕协会　为王文山君等所发起,成立于十三年六月,举王文山为会长,李晴皋为书记,会址设于南开大学,每月举行常会一次。

(三)上海圕协会　为杜定友、孙心磐、黄警顽等所发起,成立于十三年六月,举杜定友为委员长,设会址于上海总商会圕。现有团体会员三十余,个人会员八十余。成立而后,进行之努力,为他处所不及。第一年间所办事项,如介绍阅览也,启学校圕公开之先声;举行读书运动也,引起各界之注目;他如发行杂志;编辑丛书;筹备中华圕协会;设立圕学圕等,均于圕事业,有莫大之贡献。第二年,仍举杜定友为委员长,孙心磐为副,王恂如等为书记。因感乎徒事宣传,尚鲜得益,乃于常会之外,举行研究会,由杜定友,王云五演讲分类法及检字法。而第二届年会时,复举行圕展览会,尤为轰动一时。此外更编印圕学圕目录,订借书办法,使会员得切实之研究。十五年十月,改选职员,王云五当选为委员长,杜定友为副,潘圣一等为书记,并为分工研究起见,拟定问题若干,以便分组研究,前途正未可限量。

(四)南京圕协会　为洪有丰等所发起,成立于十三年六月,设会址于东南大学圕,现任会长为洪有丰氏,亦行分股研究之法,十五年十月,举行选购委员会,议定编制农村图书目录,亦属颇有价值之事。按南京为圕专家荟萃之区,人才济济,预测前途,当大有可作为也。

(五)苏州圕协会　成立于民国十四年间,设会址于苏州圕,举彭清鹏为会长,蒋怀若为书记。

(六)济南圕协会　成立于民国十四年间,设会址于齐鲁大学,举桂质柏为会长,纪文岩为书记。

（七）开封圕协会　为何日章等所发起,成立于民国十三年五月,设会址于河南第一圕,举何日章为会长,李燕亭为书记,每月在各圕轮流开会一次。

（八）浙江省会圕协会　为章仲铭等所发起,成立于十三年四月,举章仲铭为会长,陈益谦为副,高克潜为书记,设会址于浙江公立圕。

（九）广州圕协会　成立于民国十三年间,举徐正符为会长,陈德芸为副,设会址于广东大学圕,即今日之国立中山大学圕。

（十）南阳圕协会　成立于民国十三年五月,推扬廷宪为会长,李寰宇为副,王洪策为书记。

七 圕之经费

民国圕之经费,分列数项以述之:

(一)全国之圕经费 吾国全国圕常年经费之总数,尚无切实之调查,据民八教育部所调查,全国之圕经费,全年共有八万二千八百三十六元;民十一,沈祖荣氏所调查者,共约二十一万五千元;而据民十三教育杂志所载,则有三十万五千二百九十六元,由是以观,吾国之圕经费,固年有增加,近年以来,当尚不止此数;虽最近统计,尚未见刊布,但据民十四上海圕协会之调查,只上海一处,已有经费七万余元,而十五年六月时事新闻所调查,上海一部分之圕经费,已达八万元之数(按该报所调查者尚未包括上海全埠之圕),由此以推全国总数当可达百万之数矣。考美国纽约之公共圕,全年经费达三百余万元,以视吾国,合全国之数,未及其三分之一,教育当局,不知作何感想乎!

(二)各省之圕经费 各省之圕经费,据《教育杂志》所载,列表如下:

22

河北	89,316 元	山西	20,000 元
江苏	36,700 元	湖南	15,000 元
奉天	28,900 元	黑龙江	13,400 元
浙江	25,000 元	山东	8,776 元
广东	8,566 元	河南	4,600 元
湖北	7,920 元	江西	4,100 元
陕西	6,552 元	甘肃	3,753 元
贵州	6,000 元	福建	3,400 元
广西	5,720 元	安徽	3,156 元
直隶	5,520 元	云南	1,700 元
吉林	5,000 元	共计	305,296 元

（三）经费之来源　考中国圕之经费,除私立与团体设立者,当然由私人或机关会社担任外,国立,省立,县立之圕,大都均在国省县之教育经费内支拨之。考欧美各国,关于公立圕经费,恒有指定税项以充之;而在我国,教育经费尚无定款,圕经费更所难望矣。至于学校圕之经费,则大都由学校供给;惟近年以来,各校鉴乎校款竭蹶,总难有充分之经费,以为购置图书之用,因此相继行征收圕费之例。其征收之数,每学年约自一元至六元,视各校情形而不同。如此办法,在学生则所费尚少而其成效则可较著,固亦一种办法。近年以来,各地及各校之圕,向外界募捐以为建设或基金之用者,时有所闻。此例各国皆有,固无足为特点。惜乎我国人士,对于圕事业,尚多

未曾明了,故捐款未见踊跃,深望圕界,急起鼓吹,方可得圆美之结果也。

(四)经费之支配　吾国圕书籍费,既无的款因之时有积欠,遂无支酌用途之可言;甚至仅在创设之时,购置书籍若干,以为圕之基础已立,此后遂永不再添书籍,甚者竟连维持费而不可得;即或经费稍见充裕者,亦多随意致用,无所谓支配也。学校圕则大都由学校供给设置及薪水等费,而以学生之圕费,充作购书之用;但亦有将圕经费划出独立者,则甚鲜见耳。中国圕亦有订定经费之分配者,举二处如下:

无锡公立圕　　俸给49%　　图书28%　　需用23%

清华学校圕　　俸给40%　　图书50%　　需用10%

八 圕之藏书

民国以来,各圕对于搜藏书籍,尚属注意,惟因经费关系,不免感受影响耳。据最近统计,全国圕藏书总数,共约三百十九万二千二百五十册,以与欧美相比,则不可同日而语,按法国之国民圕,藏书达三百五十万册,彼一馆之数,乃竟超过吾国之总数,可胜浩叹! 至于吾国各省藏书之数,以北平为最多,江苏次之,兹列表比较如下:

北平	439,345	山东	155,781
江苏	416,800	河南	138,500
浙江	252,300	广西	131,170
山西	248,900	直隶	111,625
湖南	193,175	陕西	106,124
云南	180,000	奉天	68,940
湖北	92,400	福建	38,000
黑龙江	52,423	江西	29,700
甘肃	45,535	广东	7,000
安徽	44,800	贵州	5,260

吉林　　39,117　　　　　　共计　　3,192,250

各圕之藏书,其在二十万册以上者,仅三处;十万册以上,仅五处;在世界各国中,尚未能列入二十名之内。兹列中国十大圕及藏书册数如下:(按此表及上列各表,系由各处摘录而成,自知尚非精确,惟因吾国圕之最近统计,尚未见刊布,只得暂以较新者为根据,而列成各表,以见吾国圕事业之梗概云尔。)

东方圕　　　　　　　　230,000 册
陕西省立圕　　　　　　227,000
北大圕　　　　　　　　222,000
徐家汇天主堂圕　　　　160,000
山西文庙教育圕　　　　141,000
湖北省立圕　　　　　　140,000
北平圕(前京师圕)　　　136,000
浙江公立圕　　　　　　106,400
清华学校圕　　　　　　92,000
东南大学圕　　　　　　51,000

九　圕之建筑

中国圕之有独立建筑者,为数甚少,而其合式者,则更属寥寥。据美国圕专家鲍士伟博士参观而后,谓中国圕建筑之合式者,仅二所又半,即清华东大各一,而约翰则半耳。清华与东大之圕建筑,均用钢铁书架,所谓避火设置者是也。中国圕建筑之费,举其较多者,列表如次:

清华学校圕　　250,000 元

东南大学圕　　150,000 元

东方圕　　　　80,000 元

南洋大学圕　　66,000 元

约翰大学圕　　30,000 元

北平师大圕　　30,000 元

山东圕　　　　30,000 元

暨南大学圕　　15,000 元

南通圕　　　　15,000 元

其在计划中者有:

国立北京圕　　650,000 元

政治大学圕　　30,000 元
中国公学圕　　10,000 元

十 圕学术史

　　圕学术,在吾国古代,早已有之,如目录学,校雠学,版本学等,实际上即为圕学之一部分耳。民国以来,乃有完全之圕学术发现,至于圕学名词之产生,则仅十余年耳。(按以前并无圕学之名词,自民国九年,武昌办圕科,民十一,广东办圕管理员养成所,而圕学之名词成立;自民国十二年,杨昭悊之圕学出版,圕学之名词遂流行矣。)在此十数年间,圕学术之发达,颇堪记述,兹特详记之。

　　民国以来中国之圕学术,得分为二时期:

　　甲,东西洋圕学术流入时期

　　民国初年,各地圕次第设立,且多深知中国旧式管理,有改良之必要,惜无专书,无所依据,深感困难。民国六年,北京通俗教育研究会,以日本圕协会之圕小识,译示国人,是为中国圕学术书籍之滥觞。次年,上海有顾实之圕指南出版,顾氏之书,虽称编辑,实亦翻译于日本之圕小识,惟其译法与通俗教育研究会所译,微有不同,而首尾则增添二章系由顾氏自撰;且每章之末,另附欧美之情形,以为参考,此其异于原本者。总之以上二书,实东洋圕学流入时期之代表。而此时之一般办理圕者,亦莫不奉为上法,于是中国之圕,类皆成为东洋式之圕,盖受此二书之影响也。

民国六七年沈祖荣氏由美回国赴各省都演讲圕之重要与方法,是为提倡圕之先声。民国九年,山西郑韬三氏,摘录圕小识而编圕管理法,内容完全与圕小识相同,惟仅录其大纲,而删其繁节,故篇幅甚少,影响亦属甚微耳。

民国十年十一年,杜定友氏在沪粤各处演讲圕及汉字排字法,又在粤印行"圕与市民教育","广东圕计划"等书凡五六种之多,分送国内各圕及教育机关,是为圕学术传布国内之始,引起各界对于圕之注意,于我国圕学上影响甚大。

民国十一年,戴君志骞,为北京高师之暑期演讲,而撰演讲稿,则大都译自西文,此稿曾载于《教育丛刊》,其于分类编目,论之甚详。自此而后,西洋式之圕,遂亦散布于国内,且驾东式圕而上之,盖因东洋方法,原系根据于西洋,未妥之处尚多,宜其易于淘汰也。

杨昭悊氏之圕学,为中国圕学自撰书籍之最完备者,惟考其内容,尚属介绍东西洋圕学术之性质,未具创造规模,如其论选购,竟未及中国书籍之鉴别与购求;其论分类,则仅列举中外各种方法,虽或论其长短,但绝未述及最适用于中国者为何法,徒使阅者盲然无所适从;其他各章,亦多介绍而无断定,惟其所介绍者,则混东西之法,兼而有之,故此书亦只能称为东西洋圕学流入时期之一种作品耳。

乙,中国圕学术发轫时期

东西圕学术流行于中国者凡数年,国内圕学者,渐感外国之圕学术,不适于中国情形,于是有中国圕学术之创造。所谓中国圕学术者,何谓乎梁启超先生之言曰:"学词无国界,圕学怎么会有'中国的'呢?不错,圕学的原则是世界共通的,中国诚不能有所立异,但中国书籍的历史甚长,书籍的性质甚复杂,和近世欧美书籍,有许多不相同之点,我们应用现代圕学的原则,去整理他,也很费心裁,决不是一件容易的事;从事整理之人,须要对于中国的目录学(广义的),和现代的圕学,都有充分的智识,且能神明变化之,庶几有功,这种学问,非经许多专门家继续的研究不可,研究的结果,一定能在圕学里头,成为一独立学科无疑,所以我们可以叫他做中国的圕学。"是言中国圕学者,适合乎中国圕应用之圕学也,中国圕学,虽尚在发轫时期,但亦颇多成绩可观,兹述之如次:

(一)中国圕学之发源　圕学术之源于东西各国,前已言之矣,学者既感不便,遂有自编之圕学发现。沈祖荣胡庆生氏授课于武昌文华,杜定友氏授课于广东及上海国大,洪有丰氏授课于南京东大,皆于西法之外,自撰中国圕学之讲义,惟大都均未出版。其已出版者有杜定友氏之图书分类法,汉文排字法,及最近洪有丰氏,本数年来办理中国圕之经验,以及教授之心得,撰《圕组织与管理》一书,此为中国圕学之创始。先杜洪二氏而发行者,有高尔松高尔柏之《阅书室概论》,惟高君等恐于圕事业,并未实地办理,故所论每每误会,其于江浙各地圕情形,则记之颇详耳。叶德辉氏之《书林清话》,则系论到中国书籍版本刊印之术,虽非完全之圕学,但亦圕学术中之一大问题耳。此外尚有马宗荣氏之圕概论,正在编译之中,尚未单印发行。

（二）上海圕协会编辑丛书　上海圕协会,鉴乎中国圕日臻发达,而坊间关于圕学之书籍,尚寥若晨星,深感不敷供海内人士之参考,因有发行上海圕协会丛书之议。其已经发行者,有圕分类法,著者号码编制法,汉文排字法,圕通论,图书选择法,图书目录学等六种;均由杜定友氏手撰,已经付印者,有圕学教科书,圕辞典等;尚在编辑中者,有圕原理,圕行政,圕设备及用品,图书典藏法,图书流通法,圕历史等;在计划中者,有圕建筑学,参考书及其用法,图书编印法,公共圕管理法,专门圕管理法,特殊圕管理法,博物院管理法等;以上各书,由杜定友,王云五,孙心磐,金敏甫等分任编辑,其于中国圕界,当有莫大之贡献也。

（三）圕馆报与杂志　圕馆报者,所以传达一馆之消息,犹一校之校刊也。我国之学校圕,其馆报大都附印于

32

校刊。公共圕之发行馆报者，以《浙江公立圕年报》为最早，创刊于民国五年，迄今已出十一期，未尝中辍。河南之学生圕，亦有馆报刊行，创始于民国十一年间，惟自十八期后，未见继续。成都草堂圕之周刊，发行于民国十五年初，现已出至七十期，关于圕学之文学颇多。其他各馆之已发行馆报闻者，有上海通信圕之月报及民众圕之特刊等。圕协会之发行会报者，有中华圕协会及北平圕协会等。至于研究圕学术之圕杂志，则除上海圕协会，曾于民国十四年六月发行《圕杂志》创刊号一期，其后未见继续外，仅中华圕协会之《圕学季刊》一种，现已出版四期。该刊集中国圕专家之著作于一册，其内容之丰富，固无待言。此外更有临时之圕学刊物，如上海《新闻报》苏州《民益报》之欢迎鲍士伟特刊，河南教育圕之欢迎鲍士伟博士特刊，《晨报》副刊之圕协会成立纪念号，《时事新报》之圕展览会特刊，及东大暑校之江苏圕协会特刊等。而杂志之发行圕学专号者，有《教育丛刊》之圕学术研究号，睹此情形，中国之圕学报志，为数尚鲜，有从事发行之必要也。

（四）论文之散见　自民国初年，东西圕学潮流趋入而后，报章杂志之中，渐有圕学术论文之散见，其中有讨论圕学术者，有鼓吹圕事业者。沈祖荣氏，最先撰述圕论文于《新教育杂志》中，杜定友氏，亦先后撰述论文于各大杂志中，此二君者，所撰最多，且最有价值。此外更有以研究心得报告者，如黄维廉氏之中文书籍编目法；查修氏

33

之"中文书籍分类法商榷",及"编制中文书籍目录的几个方法"等,皆为颇有价值之文字。而马宗荣氏,抄译日文之圕学书籍而加以己意撰《圕概论》,其首二章现在圕的研究及现代圕经营论则已在《学艺杂志》发表,内容较为完备而有系统。其他专篇论文,及琐细文字,尤所不计。自《圕季刊》发行后,于是遂有圕学术之专刊,则今后圕学术论文,尚可有多量之增加。据敏甫所调查,自民国以来,中国之圕学术论文(不论其价值若何),统计有下列之数:

1. 普通论文   119
     (A)原理与概论   31
     (B)论著及会社状况   44
     (C)历史及现状   44

2. 圕行政   16

3. 圕管理   49
     (A)选择问题   18
     (B)分类问题   10
     (C)编目问题   4
     (D)排字问题   5
     (E)其他   12

4. 各种圕   52
     (A)儿童   10
     (B)公共   19
     (C)中小学   11

（D）大学　　　　　　　9

（E）其他　　　　　　　3

5.科学圕　　　　　　　2

6.圕学教育　　　　　　4

7.读书辅助品　　　　 15

8.书目及书目学　　　 17

　　总计　　　　　　 274

以上之数,仅据个人调查,遗误之处,总所不免。关于重要论文,请见本篇附录之圕学书籍论文选目。

（五）中国圕分类法之改造　　中国之圕分类法,历代相承,无不宗于四部,虽有更改,大体总属相似,然而四部之法,对于现代科学,无相当门类,且于部类之分配与范围等,均有未妥之处,因之四部之法,遂有改造之必要矣。

至于东西洋之圕分类法,其于外国,容或尽当,而应用于中国,则亦未能适合,盖因各国之国情不同,是以适于彼者,未必适于我耳;且我国经籍,颇多特异之点,为他国所无,因之外国之分类,对于中国经籍,更所困难,而外国方法,遂亦未足为我国采用也。

中国旧法既不可用,外国方法,又不适合,于是一般办理圕者,各凭己意,从事分类,门类多寡,颇不一律,兹摘写数种于下,以见民国初年吾国图书分类法之一般。

A　　江苏无锡天上市圕　　分经,史,子,集,文学,理学,法学,医学,教育,实业,丛书,杂志,日报十三种。

B　江苏松江圕　分新旧二部,旧部依经,史,子,集,丛编次,新籍依各科学编次。

C　浙江公立圕　分保存类与通常类二种,保存类又分甲乙二部,均分经,史,子,集四类;普通类分甲乙丙丁四部,甲部分经,史,子,集,丛书五类,乙部分宗教,哲学,教育,文学,语言,历史,传记,地理,纪行,国家,法律,经济,财政,社会,数学,理学,医学,工学,兵事,美术,及诸艺,产业,交通,丛书,字汇书(与东洋法类似)。丙丁二部依杜威法。

D　北平通俗圕　分经学,历史,传记,地理,教育,法政,军事,实业,算术,经济,理科,宗教,医药,小说,杂志,文牍,讲演,词曲,图画,体育,报告,杂书等类。

E　广东圕　分经,史,子,集,新学各书另行分类,为行政,经济,教育,军政格致,法政等。

F　广西圕　分初编上编二部,初编以科学书当之,上编以历代经,史,子,集当之,内分四类均依各书之性质分类。科学书分成教育,政治法律,军事,实业,哲学,医学,修身,经学,国文,外国文,历史,地理,算学,理科,体操,图画,乐歌,杂志,小说等十九部。

G 云南省教育会圖 分哲学与宗教,文学与语言, 史传与地志,教育与科学,法律政治与经济社会 学(武事附),农工商业,医学卫生,美术技艺,丛 书类书及杂书,新闻杂志等十类。

以上各法,门类之分配,虽或各有理由,但距科学方 法尚远,总于未能通行耳。

民十,清华圖戴志骞氏,将该馆书籍,分新旧二部,新 籍依杜威之法而稍加变通,旧籍分经,史,子,集,丛五类, 而各类之中,再依十分法分之,乃合类名与号码以为标 记,此法大体未脱四部之法,而标记之应用,似欠妥当,故 该馆试用未久,亦即废弃。

考察以上诸法,大都分成新旧二部,或竟分成数部, 惟是新旧二字,并无绝对界限;且平行之制,管理上颇多 不便,此则以上诸法之根本缺点耳。

其后各圖之分类,渐谋革新,东南大学分书籍为中西 二部,西文依杜威之法;中文则扩充四部而成八类—— 丛,经,史地,哲学及宗教,文学,社会科学,自然科学及应 用科学,艺术——较诸以前诸法,似有进步。此后各馆之 分类者,虽免新旧之分,但大都均分中西二部。中部分 类,改造四库之法;西部则用杜威之法。惟是中西分置, 仍未免平行管理之弊,且同类之书,因文字之不同,未能 归置一处是其一大缺憾,因之有打破中西,而行混合编制 之议。以上为中国图书分类法之混乱时期。

民国六年,文华大学圕沈祖荣氏,创中西混合之制,而著仿杜威书目十类法,将中外书籍,合用一法,可免上述之弊。中国之图书分类法,遂现一线光明;后复加以更改,遂于民十一再版发行,其于门类方面,颇具科学精神;沈胡二氏,更因试验结果,尚有未妥,正在修改之中,三版问世,为期当已不远矣。

民十一,广东杜定友氏,有世界圕分类法之著,后复详加增订,在上海发行(详后)。

民国十三年,清华圕查修氏,著杜威分类法补编,其法系将中国经籍,置于杜威法最前之空位(用作乡土集等者)。自此法问世后,一般圕之已用杜威法者,以及正欲分类者,颇多采用此法。其于中国圕界,颇受影响,翌年,查氏更将试验结果,加以更改。

十四年,齐鲁大学桂质柏氏,著杜威书目十类法,此法完全译自杜威,门类亦未改变,仅将中国旧籍,位置于杜威法之相当门类耳。

以上二法,皆以杜威法为根本,而以中国经籍位置于杜法之中,惟是杜威之法,是否确当,尚属问题,诚如沈祖荣氏之言曰:"即以美洲而论,圕用杜威法者,迄今颇感困难,……况我国与美洲,文字书册,大相悬殊。"是以此法之能否适用,尚待研究也。

其后有王云五氏因东方圕之分类,而创中外圕统一分类法,亦系根据杜威法,而将中国独有或特多之书,新

38

增类号,冠以"＋"号。王氏曾述创造此法之小史曰:"本馆整理之先,既将二三万册之西文书,依杜威法编制定妥;于是着手于中籍,方感中国旧籍,有特异与独多者,不能位置于杜法之中,不得不别求径途;而另造新法,势所不能,专研于此问题者,达年余,偶见马路门牌,因在连接之号数中,忽有新屋插入,遂将此新屋之门牌,在其相近号数上,加以符号(如四十三号甲八十四号 A 等),因思分类号数,正可利用此法,遂将中籍插入杜法,而增加类号,冠以'＋'号。"王君之发明,可谓智矣,惟于标记方面,似非为原理所深许,总之王氏之法,乃因已用杜法,而后加以增订者,实亦不得已中之方法耳。

民十四,上海圕协会有杜定友之圕分类法出版,此书除分类表而外,更有分类法之历史,原理,手续等,书凡四百余页允称圕学巨著。此法经杜氏六年之精心研究,益以试验之心得,取杜威四库两法之长,重加组织,而大体则仍如杜威之法,其根本原理,系欲"聚中外贤哲于一堂,汇古今文化于一室",故定名曰世界图书分类法;惟其目的,仍以供给中国圕采用为主,故关于中国之门类,分之特详,其助记之法,尤为特点。自此书出版后,各大圕之采用者,在上海方面,有国立暨南同济,及私立复旦,国民大夏等大学以及中华书局圕,中华职业学校俭德会圕,苏州圕及其他各地圕之采用者,实繁有其徒,亦可见此法优良之一般。至于内容之尚待增订修改,则亦必然之事,著者亦谓："分类法断非一人之力所能完成，端赖同人合作，……以后如有不合，则逐渐改良，或有不足，则随时添补，经若干年之后，或可有观。"著者辟门户之见，主学术为公之念，究不失为学者之态度耳。

十五年间，上海民立中学圕陈伯逵氏，有中外一贯图书分类之著，然察其大纲，颇多与杜威法及世界法相似之处，惟其细目则有所更改。此书出版未久，适合与否，未得学者之评论也。

睹以上情形，可见民国以来，四部之法，已公认为不可，而杜威之法又知其不适国情，因而群谋改造，惟仅各事其事，绝未互相研讨，以至方法丛生，利弊互见，究以一二之人见解有限，总难缔造良法，于是有集会研商之议，而中华圕协会之设分类委员，其目的即在乎斯，惟成绩尚未见耳。

与分类法有连带之关系者，有著者号码编制法；吾国旧时，只有分类，而无标记，著者号码本属无需。自西法流入，著者号码，遂属必不可少，而西洋之法，又绝对不能应用，不得不自创方法。最先，清华学校圕，以著者之朝代，加以著者姓氏之笔划数码，编成著者号码，例如：梁任公所著之书，其著者号码即为（民Ⅱ），张子洞所著之书，其著者号码为（清Ⅱ）。约翰大学圕，则以著者姓氏之第一英文字母，而加姓氏之划数编成。例如：梁任公所著之书，其著者号码为（LⅡ），因梁为 Liang；而张子洞所著之

40

书,则为(CⅡ,),因张为 Chang 也。其后约翰圕,复将中文姓氏,译成英文,仿美国卡特氏之表以编制之。而文华大学圕则仿日本之法,用著者姓氏之边旁为记号,如彳2彳3氵4丷5等。以上各法,均有不便之处,故皆未能通行。民国十一年,广东杜定友氏,将百家姓增补之,依汉文排字法依次排列,而贯以号数,于是每姓均有固定号码,此法最为适宜,各处相继采用。后杜氏复本试验结果,加以修改,益臻完善,而全国圕之中文著者号码,几成清--色之杜法矣。

(六)中文编目法之创造　西文书籍之编目方法,已经英美两国之圕协会,审定规则,足供各圕之使用,可无问题发生。惟吾中国,虽目录之学,由来已久,但标准方法,迄未厘定,且以前之所谓目录,仅有分类目录一种,在新式之圕,已不能适用。民国初年,尚多因仍旧制;其后渐感不便,觉著者书名等之目录,实属不容或缓,西洋方法,又不能完全适用,于是有中文书籍编目问题之发生。清华查修,及约翰黄维廉氏,皆曾精心研究,并有心得报告。广东杜定友氏,亦著中文编目法,发行于广东,此为中文书籍编目法之萌芽。近杜定友氏,复增订前法,而成图书目录学,业由商务出版,关于编目法之原理方法,论之甚详,乃中文编目法书中之最完备者。

关于编目事项,其于吾国,待决之问题尚多。如编目规则之厘定,类名标题之编制,皆为急不容缓之事。中华圕协会,有鉴乎此,因有编目委员会之组织,以便解决一切中文编目上之问题。

（七）排字法之革新　排字法,虽非专属圕学上之问题,但于圕之编排目录,颇有关系,在我国排字方法未曾圆满解决之时,此事遂亦为圕学者所研究焉。按汉字之排列,自古以来由义而音而形,今者义音之法,均已知其不可,无不依形设想。民国初年,部首之法,尚颇流行,惟因各字归部,并无绝对标准;且同部之中,所含字数太多,检阅颇感不便;识者病之,于是群议打破部首。其后各字典中,为补救上述弊点起见,每于卷首附检字之表,其法先分笔划,再分部首,适与前法相反,惟笔划之数法,亦难订定标准,且仍须应用部首,前弊未能铲除。高梦旦氏,有并合部首（改成八十部）,确定部居之议,但未将详细方法发表。其后复有拼音之法,以华字而转借西法排列,实非所宜,有主以注音字母排列者,惟吾国国音国语,未曾普及,一时亦难施行。林玉堂氏,有首笔之法,各字均依首笔排列,所以察看首笔,而代计算笔划,但亦颇多困难,故林君亦已抛弃此法。与此法相似者,有广东黄希声氏之母笔法,将各字析成母笔二十种,而认作西文之字母然,于是排列之法,依笔法为次。但汉字笔顺,并无一定标准,故此法亦不能应用。文华沈祖荣氏,亦有相似之法,但沈君自认为暂时过渡之法。西人之研究汉字排列者亦颇不乏人,究以对于汉字,尚欠澈底研究,不免有误入歧途之处。以上云云，各法虽皆未见流行，但均有所贡献，改革中之初创时期也。

其后圖专家杜定友氏，主易于普及之旨，先后演讲汉字排字法于沪粤，编印汉字排字法于上海。其法将各字先依笔划多寡为次，再依永字笔法排列，较诸以前诸法，稍胜一筹，各圖及各机关之采用者甚多。民十四年六月，东方圖长王云五氏，有号码检字法之发明，后复加以修正，改成四角号码检字法。其法系将各种笔划，归成九种，而每种代以号码，乃视四角之笔法，而排成四位数之号码，于是依号排列。此法屡经试验，检查之迅速，胜于他法，但王氏因此法尚有弊端，正在从事修改，他日修订成功当有更佳之成绩也。民十五，金陵大学圖研究部主任万国鼎氏，有母笔排列法之创，后复加以修正，其法与黄希声氏之法相似，惟与黄法稍有不同，且较黄法进步矣。北大林玉堂氏，有新韵索引之法，惟音韵之法，能否普及，则属问题。最近，有暨南大学教授张天方氏，发明形数检字法，其法系将各字之面线点数，排成号码，而依号成次，此法似较简明而新颖，颇有研究价值。而瞿重福氏又将每字分为二部，而将每部之首末二笔联成号码四枚而成号码检字法，与王云五氏之方法微有不同。

综观以上情形，汉字排字之法，亦在研究时期，未成段落，惟部首之法，则殆已成为过去之方法矣。

（八）厦大编辑中国图书志　厦门大学国学研究院，

为研究中国目录版本等学术起见,有中国图书志之编辑。兹编体制,囊括历史志,各家书目,每载一书,穷源竟委,纲举目张。此志告成,其于中国学术界及圕界,当大有贡献也。

(九)新字之创造 圕专家杜定友氏,鉴乎图书馆三字笔划繁多,书写不便,因以三字并合而成"圕"一字,不特研究圕学者,可省无数书写之劳,即印刷方面,亦可省无数篇幅,深为学者所赞许也。

十一　管理方法之改进

民国以来圕之管理方法，因受学术之潮流，而有下列之趋势：

（一）开架制之流行　办理圕之目标，民国以来，由保存而趋于使用，前已言之矣。惟于管理方法，其初尚多取严厉手段，如限制借书，以使书籍不至遗失，以为是乃圕之天职，其实误也。美国圕专家鲍士伟博士之言曰："圕之于书籍，犹工厂之于煤也，煤之烧毁，理当然耳。"其意盖谓圕之书籍，其损坏遗失，乃属必然之事，否则即不足谓圕之成绩。吾国自最近数年来，亦有见及于此者，于是渐有开架制之流行，将书籍之一部分或全体，陈列阅览室中，许阅者自由取阅。此法对于阅者利益颇多，至于失书之事，乃管理上之问题，非方法之不良耳。

（二）分类制度由四部趋于十分　中国图书分类法之变迁，已如前述，各圕之分类，皆随此变迁而有更改，数百年所奉为上法之四部分类，今则用者已属寥寥，而十分之法，几为全国圕所采用。虽其纲目排列或有不同，而十分则一也。十分之法,各国殆皆认为合用,间有非之者,固亦有至理,但推翻十类,而另造新法,则为期尚远,非一时间之所能解决者也。

(三)书本记录之改为卡片记录　以前吾国之圕,关于记录事项,完全应用书本,自东西洋圕学术潮流趋入而后,遂有卡片记录之流行,如目录之编制,由书本而改为卡片,此乃最早者,其后则用之渐繁,一切记录之事,无不应用卡片,甚至书信记帐之事,亦用卡片。而卡片之大小,则往往定有标准(普通为 3×5 寸)。至于卡片记录之何以能流行者,盖因卡片既易伸缩,又便保存,是以外国之各大机关,亦皆采用卡片记录矣。

(四)由单种目录而趋于多种目录　吾国之圕目录,数十年来,只有分类目录一种,欲找某书者,必须先知某书之性质如何,应属何类,然后可以依类求之;设或未知,则须自始至终,翻阅一过,方可找得,不便孰甚! 民国而后,经东西洋圕学术之流入,渐有书名,著者,及种类目录之发现。于是圕目录,遂由单种而趋于多种,欲找书籍,不必知其类属,只须知其书名,著者,及类名三项中之一项,即可依其首字而找之,其便利为何如乎。

十二　圕学教育

中国人民对于圕事业，大都以为仅事保管书籍，并无专门之手续，更无所谓专门之学术，因之视圕为位置人员之处。公立圕中，其重要职员，类多挂名兼差，以及饱食终日，无所用心之流；而学校圕则多由教职员兼职管理，鲜有专职人员，更无专门学术之可言。自近数年来，经圕潮流之转移，而圕事业渐见专门，赴外洋专研圕学术者，亦渐有其人，而国内之圕学教育，亦由短期之讲习，而进为专门学校，兹分述四项如下：

甲，圕学讲习科

圕学讲习科，大都均属短期，凡有六处：

（一）北平高师之圕讲习会　民国九年夏季，北平高师，应各省之请，开设暑期圕学讲习会，由戴志骞程伯卢沈祖荣等，担任讲师，各处省立及学校圕职员之前往听讲者，有男生六十九人，女生九人。其时适逢直皖战争，交通中断，故外省之前往者，不免稍受影响，否则当更见踊跃耳。该会所用讲义，由戴君编译，曾载《教育丛刊》第三卷六号之圕学术研究号中。

(二)广东圕管理员养成所　民国十一年三月,杜定友氏在广州创办圕管理员养成所,由该省全省教育委员会,通令全省中等以上学校,派教职员一人前往学习。由杜定友,穆耀枢,陈德芸等担任教授,学员六十余人,为期二十四日,每日授课六小时。以三小时授课,三小时实习,科目凡二十余种,毕业学员大都用其所学,颇有成绩可观。

(三)南京东大暑校之圕科　民国十二年夏,洪有丰氏讲授圕学术于东大暑校,为期一月,每日授课二小时,由洪氏自编讲义,并在孟芳圕实习,时因江浙一带,圕学讲习系属初创,故听讲者竟达八十余人。

民十三夏,洪氏复照上年办法,作第二次讲授,听讲者仍不少。

民十四夏,南京东大与中华圕协会,合组圕学暑期学校,由洪有丰,杜定友,李小缘,刘衡如等担任教授,所开课程,较上数年为多,计有圕学术辑要,学校圕,儿童圕,分类法等四门(其预定科目,本有十三门,因人数关系只开四门),每门自八小时至二十四小时,有演讲实习二种,学生数有专习者十三人,兼选者五十六人。

民十五夏,东大暑校,仍设圕讲习科。毕业者给以证书,所开学程,有学校圕及分类等,担任教授,有洪有丰,刘衡如,朱家治等,课外亦得实习于孟芳圕,并请王云五氏演讲检字法,毕业学员二十余人,此外兼选者亦复不少。

(四)河南小学教员讲习会之圕学演讲　民国十三年,夏季,河南开封有小学校员讲习会之组织,内有小学圕管理法一科、请杜定友氏担任,为期三周,每日上课二时,由杜氏编发大纲,而口头讲述,听讲者竟达二百余人。

(五)四川成都之圕学演讲会　民国十三年夏季,成都有暑期圕学演讲会之组织,由穆耀枢主持演讲。

(六)苏州华东暑校之圕学科　民国十五年夏季,苏州有华东暑期学校之组织,内设圕学一科,由李小缘,黄星辉等担任教授,学生皆专读此科,计有八人。为期一月,除上午授课外,下午则在苏州各大圕中参观或实习焉。

乙,学校中之圕学课程

自经民国十年,中华教育改进社圕教育组,议决请各师范及高等师范设立圕科一案后,各省师范学校渐有添设此种课程者。如广州市市立师范学校于民国十年时,杜定友氏方为校长,首先加入圕学一科。又江苏二师,于民国十三年度,在高年级中,每周设圕学二小时,亦由杜定友担任教课,毕业学生四十余人中,服务于大中小学圕中者甚多,且有从事深造,而专任圕职务者。十四年度中断者一年,十五年度复行继续,听讲者益形热烈。此外大学中之有圕课程者,如东大有姚明晖之《汉书艺文志》,洪有丰之圕教育,顾实之目录学,陈锺凡之诸子书目等;厦大有陈乃乾之目录学,教授中文书籍分类之历史及目录书之应用法,以及校勘学,教授校雠考订之学;他如南京金陵大学,由万国鼎刘衡如李小缘等教授圕学;上海大夏大学,曾由陈友松氏教授圕学。至于中小学之讲授圕利用法者,有上海广肇公学,请杜定友氏讲述,此其大体也。

丙,大学中之圕科

中国大学中之设立圕学科系者有武昌文华及上海国大之二处。

(一)文华　民国九年,武昌文华大学,创办圕科,由美国圕专家,该校圕馆长韦棣华女士,主持其事,即由韦女士及沈君祖荣胡君庆生分任教授。入学资格,须在大学肄业二年者,修学期限三年。现已毕业者,有二十余人,分任北平,上海,厦门,济南等各大圕职务,而国内圕之聘请圕职员者,殆皆集中于此,惟因造就之人员太少,大有供不应求之势。至于课程方面,则几与欧美圕学校相同,惟于中国圕学术较为注重耳。

(二)国大　上海国民大学,于民国十四年间,在教育科中设圕学系,请圕专家杜定友为主任,教授有杜定友,胡朴安等,并请沈祖荣,刘衡如,李小缘,洪有丰等担任临时演讲。该系为便利服务圕者之研究起见,特设特别生学额,而将各种专门课程,完全排于星期六日及晚间学习者,男女生千余人。其所开学程,有圕学概论,圕原理,圕行政,圕管理法,编目法,分类法,及圕实习参观等。社会人士,颇加注意,上海时报,曾于十四年底请该系主持编辑时报索引,开报纸索引之纪元。

丁,圕学校之初创

上述大学中之圕科,实际上即具圕学校之性质,惟其组织较为单简,兹所述者,指组织完善规模较大者耳。

吾国完备之圕学校现只文华改组之一校,及四川之圕专门学校二处。先是中华文化基金会,有提倡圕之志,惟因鉴乎中国圕人才之缺乏,非设法培养,不足以谈发展之方,因将文华之圕科补助经费,扩充课程,圕学并设助学金二十五名,每名每年二百元,为期二年毕业,入学者须在大学修毕二年;且须于圕事业,感有兴趣者,方为合格。民国十五年七月,曾在上海,南京,北平,武昌,广州,五处招生,无奈国内学子,类多未知圕学之精深,而有志者,或因限于资格,故投考者未见踊跃,结果,仅取九人(入校者仅六人),并未足额,盖当局之意,抱宁缺毋滥之志,使所造人才,足以为全国信仰耳。课程方面,注重于中国之日录学及分类法等,以期创造中国之圕学。

四川之圕专门学校,为穆耀枢氏所创设,成立于民国十五年间,现已停办矣。

十三　圕界之专门人才

中国圕专门人才。仅数年间事耳。以前之办理圕者,虽未尝无精研目录学之人,但目录学仅占圕学中之一部分,故尚未足为完备之圕人才。民国以来,始有圕专家之造就,虽不能如外国之圕专家满布全国,然为时未多,而能得如许之人才,亦堪以自慰耳。兹将中国现有之圕人才,析为数种而述之如下:

甲,曾在外洋专研圕学术者,有:

沈祖荣　美国纽约圕学校圕学士,现任武昌华中大学圕主任,文华圕科教授。

杜定友　菲列宾大学圕学士,曾任广东全省教育委员会圕事务委员,广东省圕馆长,上海南洋大学圕主任,国民大学圕学系主任兼教授,现任中山大学圕。

洪有丰　美国纽约圕学校圕学上,现任清华大学圕主任。

戴志骞　美国纽约圕学校圕学士,现任中央大学圕主任。

袁同礼　美国纽约圕学校圕学士,现任北海圕主任。

胡庆生　美国纽约圕学校圕学士,现任文华圕科
　　　　主任。

刘国钧　美国伟士康新大学圕学士,现任南京金陵
　　　　大学圕。

李小缘　美国纽约圕学校圕学士,现任南京金陵大
　　　　学圕主任。

李燕亭　美国纽约圕学校圕学士,现任河南中州大
　　　　学圕主任。

杨昭悊　美国意利诺大学圕学士,现任杭州工学院
　　　　圕副主任。

乙,正在外国研究圕学术者:

在美有　桂质柏,裘开明等。

在日有　马宗荣(专攻社会教育)。

丙,对于中国目录学,深有研究者,有:

长沙叶德辉氏,南京东南大学教授姚明辉氏,陈钟凡氏,厦门大学教授陈乃乾氏,上海国民大学教授胡朴安氏,南方大学教授顾惕生氏,江苏省立二师教务长朱香晚氏,四川傅增湘氏。

丁,此外尚有曾受短期之训练者:

合计约有五百人。

由上述情形观之,吾国圕之专门人才,尚属历历可

数,正宜从事造就,以应亟需。

十四 中外圕界之联络

民国以来,中国圕界之与外国圕界,渐有联络互助闻者,列举如下:

(一)美国国会圕,以书目卡赠北大圕 美国国会圕,藏书约四百万册,其图书总目,均以书目卡为之,每卡上印明书名,著作者,出版地,出版机关,刊行年月,以及书之分类标题等,所载极为详备,全份共二百万张,为大圕不可不备之工具。美国政府,近以中国国立北平大学圕,为吾国最高学府之圕,因即慨然捐赠一份,全部业已运到。

(二)国际圕会议与中国 一九二六年十月,为美国·百五十周年立国纪念,且为美国圕协会五十年纪念。该会特邀全世界之圕专家,在费城举行国际圕会议,吾国亦在被邀之列。经中华圕协会派定裘开明,桂质柏及韦棣华女士三人,前往出席。

(三)日政府赠书中国各大学圕 日本政府,赠书于吾国大学圕者凡四处:(一)学艺大学曾于民十四年间,捐得约值日金五千元之书籍。(二)暨南大学,于十五年八月,捐得书籍三百余册,约值日金三千元。(三)北平大学,于民国十五年九月,捐得文学书籍六百余册。(四)国立中山大学圕。

(四)法国莱尼爱之来华　法国圕专家莱尼爱女士,于民国十五年七月间,由法政府遣派来华,考察中国圕事业及管理方法,并研究东方文学。七月二十九日到沪后,即在沪参观,由上海圕协会设宴招待,女士谓中国圕之组织,与欧美不同,颇堪研究。

(五)鲍士伟博士之来华　美国圕专家鲍士伟博士,亦为庚款事来华(详情述于下节中)。

(六)杜定友之赴日　上海圕协会,曾于十五年七月,派委员长杜定友赴日考察圕事业,以资借镜。到日后,颇得日本圕界之热烈欢迎,日本圕协会,并开欢迎会,此亦吾国圕界之荣光也。杜氏所参观者,计大小圕凡十余所,而各种圕如国立,大学,小学,专门,儿童,乡村等等,则均流览一二。杜氏回国而后,曾谓日本圕之一切管理方法,虽未完全入于科学正轨,但其热心毅力,则胜于他国。杜氏又谓中日两国之圕问题,颇多相同之点,对于东方文化之保存,二国圕类皆有助也。另有赴日参观记发表于教育杂志。

又杜氏在日,偶以其发明之"圕"一字,与彼邦人士谈及,而彼等竟大加赞许,通行全国,而间宫书店特出圕杂志一种,即以该字为名。将来日本之圍史上,遂亦有吾国圍专家发明品之地位,是则足堪纪念之事也。

十五　圕事业之发展

民国以来,圕之发达进步,颇有一日千里之概;而一般人对于该项事业之提倡或宣传,亦不遗余力。兹将其显著者,分别述之如后:

(一)退还庚款与圕　关于退还美国庚款,以建筑圕之议,最先提倡者,为武昌文华大学圕馆长,美人韦棣华女士。韦女士来华于一九○○年,对于中国圕事业,热心赞助,不遗余力,武昌文华大学之圕科,即为女士所创。民国十一年间,女士发起以美国退还庚款,提倡中国圕事业,当即奔走中国各处,请国内名人,协襄此事,共入提议之列。十二年间,女士专为此事赴美,以吾国所提议之案,建议于美国国会,并请谒二院议员,运动此事,获见者几及全体,后复亲谒美国总统,说明此事。嗣后美国方面,对于退还庚款,决定用于教育事业,惟如何支配,则待研究,因设庚款委员,以采各家意见而定夺之,女士并赴美国圕协会之年会,而请该会赞助此举,该会即推圕专家鲍士伟博士,来华调查中国圕事业,以便报告于委员会,而鲍氏来华费用,并由女士捐集,其热心赞助,亦云至矣。

美国圕协会既派定鲍士伟博士来华,鲍氏遂于民国十四年四月二十七日乘轮抵沪,即由上海圕协会暨全国各圕代表招待,在沪三日,即先后赴各地调查。其行程所及,几遍全国各省,费时达二月,所至之处,无不开会欢迎,并请鲍氏演说。而鲍氏此来,虽为庚款之事,但于引起中国人民对于圕之注意,亦不无小功。鲍氏既回国,即以实情报告于该国庚款委员会,遂认中国之圕事业,有赞助提倡之必要。

其后,美国国务院,将退还庚款,交中华文化基金会支配,而中华教育改进社,则曾建议于文化基金会,请以美退庚款三分之一,建设大圕四处;中华圕协会极力赞助其说。中国工程学会,则请以五十万金,创办工程圕及材料试验所。无奈各机关各学校之请求补助者,为数颇多,难以支配,故以上二议,均未通过。

至于分配结果,其关于圕事业者,决定以百万元设立国立圕一所;并补助武昌文华圕科,扩充其课程,而自十五年起每年补助圕学教席金五千元;并设助学金二十五名,每名二百元,以三年为度,总计一次补助一万二千元,常年补助一万元。盖文化基金会之意,鉴乎提倡中国圕事业,当以造就人才为第一策耳。

此外尚有日本之退还庚款,于十五年七月间,在北平秘密集议,决定在京建设人文科学圕一座,但彼邦别怀用意,并无真赞助之心,故尚为我国人士所反对也。

(二)圕展览会　民国以来,国内之举行圕展览会者,凡五处:

1. 京师圕展览会　为北平圕协会所发起,会期自民国十四年五月三十日起,以北平中央公园为会场,酌收券资。其陈列物品,大都为精本及古本书籍,计有宋金元明刊本约二百余种,敦煌石室写经三千轴,此外尚有《永乐大典》及《四库全书》各数本。此举纵与圕事业无绝大影响,但亦文化上颇有价值之事也。

2. 上海圕协会之圕学展览会　上海圕协会,为提倡圕事业起见,特于民国十五年一月九十两日,年会之时,举行圕学展览会。陈列品除古本精本而外,以圕之设备用品表格等为主体,此外尚有圕学中西书籍数百种。前往参观者,惟外省远地,亦与欣然就道,极一时之盛。

3. 上海商务印书馆之圕文件展览会　上海商务印书馆,于十四年五月间,致函全国各圕,征集圕文件(如章程,规则,目录签条及成立小史,组织概况等),以便汇齐陈列,供众研究,各省圕纷纷投寄。当上海圕协会,举行圕学展览会时,曾作一度之陈列,但因所征无多,未经整理。十五年三月,又复征集,而各圕之投寄者渐多,遂即从事整理,是年五月二十四日,遂以开幕闻。陈列地点,设在该馆总发行所,参观之人,络绎不绝。总计各处文件,计一百数十份,该馆并制各种表格以为点缀,陈列时期,达一月余,此举对于圕界,有莫大之影响。闻该馆仍继续征求,日后将有第三次之展览云。

4.四川之圕展览会 为成都通俗圕主任穆耀枢氏所发起。自民国十五年二月十三日起,至廿八日为止,在成都市教育会内举行。搜集珍本奇书,分为十二类,陈列各物,均有详细之说明,观者亦甚众。

5.全国教育展览会之圕组 民国十三年,中华教育改进社,举行全国教育展览会,圕亦列一组,国内各圕及出版界之陈列物品书籍者颇多。展览品以圕照片及文件为大宗,书籍次之。

此外尚有上海东吴二中,民十五年十一月,举行文学书展览会,惟其范围仅限乎一校,规模亦较小。草堂圕于十六年二月八日举行杜诗版本展览会,则颇有特殊价值。

(三)读书运动 上海圕协会,为引起社会人士注意圕起见,于民国十四年一月,举行读书运动,聘名人演讲,到会者竟达千余人,诚国内之创开也。

(四)出版界之赞助圕事业 国内出版界,为提倡圕事业起见,于民国十年间,订有圕购书特别廉价规程,凡本版书籍,均得照实价八折计算,规模较大之书坊,均已实行矣。

十六　各种圕事业概况

我国之圕，在民国成立初年，为数仅十余所，自民国四年，颁布圕规程及通俗圕规程而后，各地之创设者遂大增。据民国五年教育部第四次统计图表所调查者，合巡回文库而计之，竟达二百九十三所；又据该部民国七年之调查，则已增至七百二十五所。由此以观，增加之速，可谓至极。而民国十四年，中华圕协会之调查，则仅五百零二所（见中华圕协会会报一卷三期），似较以前反而减少，惟该会所调查者，遗漏之处，尚不知凡几；其规模较小者，大都尚未列入，但其规模较大者，则已遗漏无几。至于吾国内地，每有仅集数十百册之书籍，容量不过十余人之房屋，而亦名之为圕，其是否及格，则属问题。中华圕协会所调查者，则类多稍具规模，名之为中国合格圕之调查可也。兹依该表统计之，而比较各省圕之状况如下：

江　苏　　　　　　　　145

直　隶　　　　　　　　77

山　东　　　　　　　　62

广　东	33
湖　南	27
浙　江	23
河　南	21
山　西	19
奉　天	18
四　川	13
湖　北	12
黑龙江	9
江　西	8
福　建	8
安　徽	6
广　西	5
陕　西	4
甘　肃	3
云　南	3
贵　州	2
察哈尔	2
吉　林	1
热　河	1
总　计	502

各省之中,以上海为最多,计达七十所,北平次之,计四十二所。

若以其设立之性质分类而比较之,则得下表:

公　立	259
国　立	4
省　立	30
县市立	225
私　立	20
学　校	171
大　学	70
中　学	92
小　学	9
机　关	13
团　体	37
公　司	2
共　计	502

兹将各种圕情形分述其梗概如次:

(一)公立圕　公立圕者,以公家款项设立之圕也,兹再分国立,省立,及县市立三种而述之。

1. 国立圕　原国立圕之设立,不仅当尽搜古今中外之书籍而藏之,其职责所在,更当领袖一国之圕事业,关系要重。吾国之国立圕,设于北平城内,成立于民国元年,名曰京师圕。民国四年,开放阅览,并设分馆于城外。现有藏书,本馆约十余万册,分馆约三万余册,阅览者均须购券入内。该馆虽属国立,无奈频年内争不息,经费时欠,中央政府,屡有改进之计划,终未实行。民国十四年秋,教育部与中华文化基金会,订立契约,决定以美国退还庚款抽出一百万元,建国立圕,并组织委员会筹备此事,推定范源廉,戴志骞等为委员。十四年十二月二日,经该委员之议决,推定梁启超为馆长,李四光为副。十五年三月一日,遂正式成立,定名为国立北平圕,现又改名北海圕,先设临时馆舍于北海公园。五月十一日,中华文化基金会圕委员,集会于北平,推范源廉为委员长,通过馆长梁启超之提案,以开办费一百万元,分配为建筑六十五万,购书二十五万至三十万,预备费五万至十万;建筑物采用中式,长二百英尺,深九十英尺,书库部分,则列于主要建筑之后。自此项议决后,当即积极进行,聘定职员十一人,一方从事建筑之进行,一方从事书籍之征集。其所办事业之最有价值者,如调查民国十五年后本国新出版书籍,及编订北平天津各处联合目录等,颇能尽国家圕之职责。十月十二日,经政府之命令,将原有之京师圕,移交该馆接收,并由财政部直接拨付经费,每月四千元。近闻两馆又行分立,而该馆之建筑方面,亦正努力进行,一旦馆舍告成,则吾国之国家圕,亦可与欧美并驾齐驱矣。

此外尚有京师通俗圕,及京师圕阅览所,亦属国立性质,由教部直接管辖者。自国民政府成立而后,国立受辖于中华民国大学院,该院院长蔡元培氏,因现在军政时期,难筹大宗款项,故有以江苏省立圕,改组国立圕,并请范源廉氏为馆长之议,尚在进行之中。

2.省立圕　中国各省,经清末学部颁圕制,而省立圕,渐有所闻,辛亥而后,未设各省,亦相继成立,而已设各省,则渐次开放,今各省殆皆已有。惟中国之省立圕,每被一般政客,视为位置人员之处,不以人才为前提;且内争不息,经费时为军人所占,更无发展可言,良深惋惜。惟各省之省立圕,藏书则尚丰富,浙江公立圕,存有文澜阁《四库全书》一部,较为可贵。江苏之省立圕,则有苏宁二处,藏书亦较丰富。南京一馆,孤本善本,冠绝全省,惟因馆舍年久失修,乃致精神委靡不振;历任教育厅者均有整顿之意,自有民国十五年后,江恒源氏任教育厅长后,遂组委员会,以为改进之计,而自国民政府建都南京后,又有改组国立圕之议。陕西之省立圕,藏书达二十余万册,为全国各省立圕之冠。山西、湖北省立圕,藏书亦在十万以上。山东及直隶之省立圕,组织较为完善。吉林之省立圕,藏书本有十余万册,奈因宣统年间,突遭大火,所藏书籍,尽化灰烬,后虽逐年添购,终不能恢复原状;民国八年从事建筑,而内容尚属可观。

3.地方圕　地方圕者,指县市乡所设立之圕也。地方圕,对于普及教育,最有关系,东西各国,皆以多设地方圕,以为普及教育之第一事,故其乡村之间,虽人口不满百人者,亦有圕之设,以观吾国相去真有天壤之别。按吾国之地方圕,自经民四教育部颁布规程而后,渐见繁多,而以江苏为最发达,各县殆皆至少有圕一所,而多者每设数处。南通之圕,为全国县立圕中之不可多得者,该馆为张骞所创,成立于民国元年。馆舍以东岳庙改建而成,费洋一万余元,大小凡六十七间;藏书有十余万卷,常年经费达四千元。其他如苏州,无锡之县立圕,亦皆规模颇大。最近厦门鼓浪屿将张毅产没收而充中山圕规模亦颇大。兹将中国各省之地方圕列表比较如次:

江 苏	56
山 东	46
直 隶	17
浙 江	16
奉 天	16
广 东	15
山 西	12
黑龙江	8
河 南	7
湖 南	7
四 川	6
江 西	5
安 徽	4
湖 北	4
甘 肃	2

福 建	2
陕 西	1
广 西	1
云 南	?
贵 州	?
吉 林	?
热 河	?
察哈尔	?
共 计	235

（二）私立圕　我国古来，私人藏书者，不乏其人，而私立之公开圕，则鲜有所闻。民国以来，渐有以私人藏书，捐诸公共圕者，至于捐款建筑圕者，则尚属罕闻。江苏齐孟芳氏，捐资十五万于东大，而建孟芳圕；云南东陆大学主人，以私藏图籍，建东陆圕而公诸于世；苏州奚萼铭氏，捐资五万元建苏州圕；广东冯平山氏捐资五万元，建景堂圕于新会；四川邓晋康，捐资二万元建筑晋康圕。此外更有私人集款而设立者，如上海之通讯圕，民众圕等。至于个人所创，而由个人维持之私立圕，则有江苏无锡之大名圕，松江之顾省园圕，安徽之戴氏私立东原圕，四川之晋康圕等，组织均颇完善。而民国十四年间，南洋华侨陈嘉庚氏，有以百万元建三大圕于厦门福建上海三处之议，但后因种种关系，未成事实。

（三）学校圕　吾国之圕事业，当以学校圕为最发达，

其组织更较精当,就中以大学圕(包含专门学校圕)为最有精神。兹将大中小学圕分述其情形如次:

1.大学圕 大学圕,在我国各种圕事业中堪占第一席地位,馆舍精美,藏书丰富,虽未能步欧美之后,但其进步之速,尚属可观。而办事人员,又多圕专家。藏书之最富者,为国立北大,达二十余万册;建筑之最精美者,为北平清华及南京东大,清华费二十五万,东大费十五万。惟与欧美相较,则相去尚远,如美国之耶鲁大学,将建圕一座,其建筑之费,竟逾六百万美金,同时能容一千五百人,与吾国较,则不可同日而语矣。大学圕中,国立学校较有精神,教会次之,私立学校较逊,分述其梗概如次:

A 国立大学圕 国立大学,经费较为充裕,故圕之成绩亦较可观。北平清华,由戴志骞氏担任馆长,南京东大,由洪有丰氏担任馆长,以上二馆,声名早已著于全国,其办理之完善,固无待言。北大圕,由袁同礼主任,藏书之富,冠于全国。北平师大,主任冯陈祖怡女士,富有圕经验。上海南洋大学圕,自民国十五年间,聘杜定友为主任后,馆务亦更见精神。凡此诸校,皆足以领袖吾国之圕事业。他如北平协和法政等校,亦颇有成绩。上海商科大学,主任孙君心磐,亦富经验。真茹暨南大学,刻正建筑馆舍,七月间即可落成,现并聘金敏甫氏主持馆务。十六年夏,该校更扩充圕,请圕专家杨昭悊氏为馆长。广东中山大学,则有创办中国空前大规模圕之计划,经费预计一百五十万元,扩充计划,由杜定友君手拟。

　　B　教会大学　教会大学,每藉外人之资助,成绩亦佳,几与国立大学,并驾齐驱。而上海约翰,南京金陵,及武昌文华三处,不特办理精良,抑且为吾国圕人才集中之处,吾国之圕专门人才,颇多发源于该校。

　　C　私立大学　中国私立大学圕,每因经费所限,其规模之大,每不能及国立与教会大学,惟其办理精神,则尚属可佩,厦门大学及南开大学二校,成绩尤佳。厦大圕主任,为裘开明氏,南开圕主任为王文山氏,皆武昌文华之高材生,对于圕学术,有专门之研究,而吴淞之中国公学,更有筹建馆舍之计划,正在进行之中。凡此诸校,皆足出国立及教会大学圕之后者也。

　　2.中学圕　吾国之中等学校,已设圕者固属颇多,而未设者亦复不少,而其有独立之建筑者,则尚未有所闻。组织管理,往往因无专门人士之办理,与科学之方法相去尚远,虽间有成绩颇佳者,但为数甚少,深望有志之士,起而图之。

　　3.小学圕　小学圕,在民国初年,罕有所闻。近年以来,自动教育之说流入,而圕遂为不可少之设备,于是有小规模圕之发现,且亦有设于教室中者,书数往往甚少,管理亦无方法。实际言之,小学校之圕,问题较多,最有研究之价值,如儿童图书,应如何分段,以及小学圕,应有何种特殊设备,以引起儿童阅读之兴趣等,皆为至关紧要之问题,而苏浙皖三省师小联合会,曾有儿童圕组之组织,且于以上问题,亦曾议及,前途颇堪乐观。

(四)机关圕　机关圕者,指政府机关所附设之圕也。吾国之机关圕,除中央政府间有设置外,省县机关,则鲜有所闻。北平各机关之设有圕者,有交通部,教育部,外交部,农商部之地质调查处,大理院,修订法律馆,及京师学务局等七处,其所搜书籍,大都因其机关之性质而定,惟规模均不甚大,且阅览者仅属各部人员而已,该馆等现多移至南京。而在华外国机关之设立圕者,则有上海市政厅之洋文圕,及美国商务官署之圕。至于各省机关之设立圕者,则有湖南图书编译处,四川督军署,及广东全省教育委员会,浙江教育厅等。按机关圕之设立,不特足使机关人员,得修养之处所,且足以增加其办事效能,与行政前途,关系至切,深望吾国之各机关,盍法注意乎斯。

(五)团体圕　团体圕者,团体或会社所附设之圕也。吾国之团体圕,为数尚未及四十所,其规模较大者,上海之总商会圕,为前会长聂云台氏所发起,成立于民国十年,现有藏书约二万册,以商业书为大宗,馆长为孙君心磐,该馆经费尚较充裕,加以总商会声誉之广,前途正未可限量。北平之政治学会圕,经美国芮恩斯及纽约卡纳基金会之辅助,颇有成绩可观。中华教育改进社之圕,虽成立未久,而搜藏教育书籍,为数颇多。南京科学社之圕,搜藏科学书籍甚富。浙江江苏之省教育会圕,及上海之俭德储蓄会圕,办理皆颇有精神,报馆之设立圕者以盛京时报馆为著。

（六）公司圕 吾国公司商店之设立圕者,为数甚少,而上海之商务中华,则均有圕之附设,分述如次:

1. 东方圕 为商务印书馆所附设,先是光绪末年,商务书馆为编译上之参考起见,广搜书籍,辟涵芬楼以藏之,历年增添,不遗余力。民国十二年间,该馆当局,有公开书籍之意,因即筹款八万,建筑馆舍。翌年,四月落成,从事整理者二年。至十五年五月二日,遂以开幕闻;现有藏书总数,约共二十余万,在我国圕中堪当首屈一指。其组织方面之最堪注意者,为开架部之组织,乃合于最新之圕潮流者也。

2. 中华书局圕 成立于民国初年,现有藏书将近十万。十四年间,请杜定友氏计划一切,将馆内书籍,用科学方法,重加整理,内容亦颇可观。

上述系将各种圕,依其设立之性质而分者,其中更有较为特殊者数处,兹特提出而述之:

（一）纪念圕 其因纪念故人而设立圕者,有安徽戴氏,为纪念戴氏东原,而有东原圕之设;梁君启超,为纪念蔡松坡氏,而有松坡圕之设,初在上海,后迁北平,并由梁氏以润资捐入,而维持之;北平国民党,亦有筹建中山圕之计划,正在进行之中。

（二）科学圕 科学圕者,圕之专搜某科图书,而成某科之圖者也。公共圖，以普遍为目的，专搜一科者颇少。学校圖，则每因学校之性质，而搜藏书籍，有所偏重。如商科学校，以商业书为多；工业学校，以工业书为多。此乃当然之理。我国科学圖，亦有特别标明者，如中华教育改进社之教育圖，总商会之商业圖，上海圖协会与国民大学圖学系合组之圖学圖，及上海美专之美术圖等，皆其较著者也。

（三）特殊圖·中国特殊圖，为数尚少，上海商务印书馆曾有流动圖之举办，及上海商学青年所组织之通信圖，北平有清华学校之校役圖等，均可列为特殊圖之例。又四川之军人圖为数颇多。

（四）党化圖　自北伐军胜利而后，各地为宣传党化起见，除已设立之圖，尽量收集党化书籍外，更有专设之党化圖，如浙江之党化宣传圖，上海特别市党部之圖等。而南京总政治部，又通令当地各校，设立中山图书室。

至于私人藏书，清代本称最盛，民国以来，亦复不少。更有化私为公者，如天津严范孙氏之捐入天津圖；云南东陆主人之捐入东陆圖；南通张季直氏之捐入南通圖；无锡侯鸿鉴氏之捐入无锡圖；丰顺丁日昌氏之捐入江苏第一圖；皆其较著者也。夫私人藏书，每因后裔不肖，而至散失无遗者，时有所闻，深望国内藏书家，能将私藏书籍，捐诸圖中，庶可名物两全，垂数千万而不朽矣。

十七 今后改进之意见

概观中国之圕事业,在民国以前,仅知收藏,不知利用,故可称之曰,圕事业之未完成时代。民国以来,十五年间,圕事业之发展情形,尚堪自豪,预期再十五年,或可步欧美之后,而此十五年间,则不过为吾国圕发达史中之第一时期,此后百端待举,职责尚繁,负圕事业之责者,应急起力图,不容袖手旁观。谨述个人对于今后圕事业之希望如下:

(一)对于圕协会之希望 圕协会,负改进圕事业之使命,圕事业之兴亡盛衰,全系乎协会之努力与否,兹就管所及,略述我国圕协会,应行举办之事项如次:

1.关于圕学术方面者 中国之圕学术,尚在幼稚时期,亟须创造修改,以供应用。如中国圕之图书分类法,各凭己见,随意创制者颇多,而圕协会,即应召集国内分类专家,相互讨论,益以实验,以造成完善适用之分类法,而供各圕之采用。编目规则,亦属至要,应由圕协会,集会订定之。其他如类名标题之编制,圕学名词之审查,均非少数人之所能解决,均当本集思广益之义,取合作之法,由圕协会负责之。

2.关于促进圕事业者 中国之圕事业,尚应从事推广,惟各界人士,对于圕事业之未明真相者尚多,其于进行前途,颇多障碍;圕协会,应设法宣传,使全国人士,了解圕事业之内容,更当使知利用圕之必要,如此则社会上对于圕之需要遂亟,而发达自易。此外圕协会,到于各学校各地方之未设圕者,应设法劝导之;已成立者,如有困难之点,应辅助之。此皆必要之事也。

3.关于管理方法者 吾国之圕管理方法,颇不一律,良以无所根据,因之各就己意,各自订定,致失科学精神者颇多。圕协会,应订定标准方法,以便各圕之采用。

4.关于联络各圕者 全国各圕,均应互相联络,庶可事半而功倍。而在同地者为尤有关系,如书籍之购置,价昂者应避重复,以节省金钱;而管理制度,尤宜设法统一;互借之法,亦属必须。凡此诸事,皆地方圕协会之所当负责者。

(二)对于政府之希望 中国政府,对于圕事业不甚注意,实为发展上一大障碍,余之希望于政府者有四点:

1.应添订圕规程与法令 圕规程与法令,不特可以促进圕事业,且足为创办之根据。吾国之圕规程,除民国四年颁布之二种而外,迄今未见添订;而圕法令,则亦属寥寥,此后之应行添订者,如圕之建设组织以及捐金褒奖之类。

2.应指定税项以为圕经费　按外国之圕经费,均有指定之税项,而吾国则并无指定的款,经费既不充足,且每为别项所支用。此后指定某种税项,充为圕经费。而此种税项,何论如何,不得为他项事业所支用,如此则圕事业,庶可有发展之望矣。

3.应设圕行政机关　中国之圕行政机关,仅占社会教育科中之一小部分,且又非专门人才所主持,遂于圕事业,每不能尽监察督促之责任,与发展前途,颇有关系。此后中央政府,及各省政府,均应添圕科,请专门家主持其事,则前途进步之速,可以断言。观乎广东之成绩,亦可想见矣。

4.应添设圕学校　中国之圕学校,较完备者,仅武昌一处。以吾国需要圕专门人才之亟切,仅此一处,断乎不够,各地有志之士,或因路途迢迢,而萌退志者,亦不乏其人。此后亟应遍设圕学校于各地,或将已有者扩充之,是亦要事耳。

(三)对于圕员之希望　圕事业已成为专门之事业,管理组织,日新月异,负圕管理之责者,应作切实之研究,以谋改进之策,须知不进则退,倘故步自封,与时代相背,断难插身于圕界。而圕员之接待阅览人员,尤当持和蔼之态度,以引起其快感。

(四)对于各圕之希望　余之对于已设及将设之圕,

有希望二点：

1. 宜选择适宜之馆长　圕之馆长,犹房屋之栋梁,一馆之成效若何,全视乎馆长之得当与否。创设圕者当注意及此。为圕长者,至少对于圕学识,有一年以上之研究,并有圕之经验者。至于为人之忠敏和蔼,则亦当然之要件耳。

2. 管理应用科学的方法　现代圕,既以供人使用为要件,故一切管理方法,皆当本科学之精神,用客观的方法,以处理之。如书籍之选择,经费之支配,均应有一定标准;他如分类编目等事,更不宜随意自造,无所根据。总之一切管理方法,在我国未有标准订定之时,均当加以研究,味其利弊,俾得较善之成效耳。

以上所述,仅属空言泛论,未订具体计划,自知齐东野语,无所裨益,惟因感想所及,略书一二,以就正于海内之圕专家焉。

十六,六,三十脱稿于暨南大学圕。

附录一　中国最近之事业

　　敏甫前作中国近代圕事业概况,稿成于民国十五年间,迄今时隔二载,变更殊多,因述此文,以为增补。

　　　　　　民国十七年十二月作者识

　　最近二年以来,我国正当军政结束训政开始之时,圕事业,虽无极大之进展,但亦尚有成绩可观,兹略述如次:

　　(一)关于行政及法令者　十六年间,国府定都南京,以大学院为全国最高教育及学术机关,内设行政处,主持全国教育行政事宜,处分六组,分掌各事项,而圕组亦占其一;圕教育之与普通教育社会教育等,并立于教育行政机关者,在中国实以此为首创。该组职掌分列六项:(一)关于国立圕事项;(二)关于学校圕事项;(三)关于公立圕事项;(四)关于特殊圕事项;(五)关于保存文献事项;(六)关于钞印稀有图书事项。由刘君国钧主其事,惜为时未久,即并入文化事业处,迨大学院改为教育部,则将

78

圕事项并入社会教育司。

十六年十二月,大学院公布圕条例十五条,与十一年所公布者,稍有不同。而其于馆长资格有所规定,则为颇有价值者。兹将全文照录如下:

第一条　各省区应设圕储集各种图书供众之阅览,各市县得视地方情形设置之。

第二条　团体或私人得依本条例之规定设立圕。

第三条　各省区及各市县所设之圕称公立圕,团体或私人所设者称私立圕。

省区立圕以省区教育行政机关为主管机关;

市县立圕以市县教育行政机关为主管机关;

私立圕以该圕所在地之教育行政机关为主管机关。

第四条　公立圕设置时应由主管机关开具下列各款呈报大学院备案:

一　名称;

二　地址;

三　经费(分临时费与经常费二项并注明其来源);

四　现有书籍册数;

五　建筑图式及其说明;

六　章程及规则;

七　开馆日期;

八　馆长姓名及履历。

私立圕由董事会开具前项所列各款及经费管理人之姓名履历,呈请主管机关核明立案。

圕之名称,地址,建筑,章程,馆长,经费保管人等项如有变更时,应照本条之规定分别呈报。

第五条　圕停办时须经主管机关核准。

第六条　公立圕除收集中外各书籍外,应有收集保存本地已刊未刊各种文献之责。

第七条　圕为便利阅览起见,得设分馆巡回文库及代办处,并得与就近之学校订特别协助之约。

第八条　圕得设馆长一人馆员若干人。

馆长应具下列资格之一:

一　国内外圕专科毕业者;

二　在圕服务三年以上而有成绩者;

三　对于圕事务有相当学识及经验者。

第九条　公立圕馆长及其他馆员关于任职服务俸给等事项准各教育机关职员之规定。

第十条　圕职员每届学年终应将办理情形报告于主管机关。

第十一条　公立圕之经费应于会计年度开始之前由主管机关列入预算,呈报大学院,但不得少于该地方教育经费总额百分之五。

第十二条　私立圕应设立董事会,为该圕法律上之代表。

80

私立圕董事会有处分财产,推选馆长,监督用人,行政议决,预算,决算之权。

第十三条　私立圕董事会应于成立时开具下列各款呈请主管机关核明立案:

一　名称;

二　目的;

三　事务所之地址;

四　关于董事会之组织及职权之规定;

五　关于资产或资金或其他收入之规定;

六　董事姓名籍贯职业及住址。

上列各款如有变更随时呈报主管机关。

第十四条　私人以资财设立或捐助圕者,得由主管机关呈报大学院核明给奖。

第十五条　本条例自公布日施行。

(二)关于会议之涉及圕事业者:

甲,全国教育会议　十七年五月,大学院召集全国教育会议于首都,议案之关于圕事业者凡十四案;除三案并入他案外,计通过者五案,供参考者三案,保留者三案,兹分别录后:

1.通过者

(一)请大学院通令全国各学校,均设置圕,并于每年全校经费中,提出百分之五以上,为购书费案。

(二)筹备中央圕案。

（三）规定全国圕发展步骤大纲案。

（四）请大学院通令全国采用四角号码检字法案。

（五）大学院所拟建设之中央圕,应迅筹的款,购置国内外历年专门研究学术之各种杂志,及贵重图书,以供各地专门学者参考案。

2. 供参考者

（一）组织委员会,规定中小学附设圕设备之标准案。

（二）请大学院规定普通通俗特别及各级学校圕标准案。

（三）请大学院令各图书发行所,将发行图书,每种摘刊要目,分送各教育行政机关各学校各圕,以便审查采购案。

3. 保留者

（一）设立中央教育圕案。

（二）国立大学应设圕学专科案。

（三）公立圕应于预算内规定民众教育经费案。

其议决各案,以（二）（三）二案为最有价值,兹更录其办法如下:

（1）筹设中央圕案办法:

（一）中央圕设于首都。

（二）中央圕建筑及设备费,定为一百万元。

（三）请国民政府拨二五库券或其他款项二百万元为基金,以其利息,供常年购书费及行政费。

（四）中央圕之图书,依下列各项方法收集之:

1. 全国出版物,于呈请著作权注册时,除为著作权法规定呈缴部数外,应加缴两部,由主管机关缴存于中央圕。

2. 各公共机关之出版物,一律以其两部缴存于中央圕。

3. 一切公有之古本图书,于可能范围内,收集之于中央圕。

4. 征集国内私人所藏佚本,规定名誉奖励办法。

5. 国际交换之出版品,一律缴存中央圕。

6. 征集国外学术团体出版物,以本圕影印佚本为交换。

7. 向国外各大圕,将我国流传彼处之孤本,摄影或抄录。

8. 搜购国内孤本,与国外富有价值之图书。

（五）中央圕,于馆长及副馆长下,设图书,研究,出版三部。图书部主本馆藏书及公开阅览事项;研究部主研究图书管理法,及训练圕应用人材;出版部主印行孤本,及编印各种目录及索引。

（2）全国圕发展步骤大纲案办法:

（一）培养圕人才办法:

1. 由国家设立专门学校,招收大学毕业生,授以圕学目录学及社会教育学之原理及方法,以求养成深造之专门人才。

2. 由国家或各省区大学,办理专修科,招收程度适当之学生,以教授圕之技术的训练为目的。

3. 由各大学设圕学系或科,以教授应用之目录学与基本之圕学原理为主。

4. 私立大学之愿举办是项事业者,宜设法奖励并监督之。

5. 以上四项,在圕事业进行程序上,应尽先举行,而第一项为尤要,盖基础不立,无以进行也。

（二）完成全国圕系统：

1. 成立中央圕筹备处,规画国立圕及其办法。

2. 调查各省区现在圕情形及经费。

3. 完成各省省立圕。

4. 完成各中小学附设之圕。

5. 促进各县立圕。

6. 推广圕与社会之关系,设立分馆,巡回圕,及代办所等,以期普及。

7. 各省区均应将其境内圕事业进行步骤,拟定分年程度,呈报大学院,以资考核。

（三）完成圕行政系统：

1. 由大学院颁布圕指导员任用条例。

2．凡全省各县已有四分之一设立县立圕者,应依前项条例,设置指导员专职。

3．凡全县之公私立圕,及学校附设之圕,共有十所以上者,应于县教育行政机关,依前项条例,设指导员专职。

4．指导员除视察及监督各圕事务外,并负有应各地方之请求,代为组织圕或解决管理上的难题之义务。

5．凡未设指导员之地方,应由视学负视察圕之责。

乙,中央大学区扩充教育会议　十七年十月,江苏中央大学区召集各县扩充教育主任,举行扩充教育会议,关于圕事业之议决案凡十,摘录如次:

(一)各县圕得酌设借书部,借书出馆阅览案。

(二)各地省立县立圕内,应附设博物院或金石专部,以彰文化,而资研究案。

(三)请中央大学转呈大学院,委托圕专家,编订圕编目大纲,颁发各圕行遂案。

(四)各地圕,互抄或印刷先哲遗书,及掌故丛书,以资志乘而彰文献案。

(五)全省各县圕及通俗教育馆,分区组织研究会,并交换图书及陈列品案。

(六)请大学区立圕,办巡回各县之民众文库,以资倡导读书运动,并宣传党化教育案。

（七）请中大训令各县,将新旧县志版片,交由圕通俗馆典藏,俾便流通案。

（八）省县各通俗馆圕公园等,应一律举办实验民众学校,并请中大通令其他教育机关,附设民众学校案。

（九）废收入门券资,以竹筹或签名簿代之。

（十）圕购书,应由中大转商各大书坊,价格格外从廉案。

（三）关于圕学术者　最近二年以来之圕学术,颇有成绩。圕学书籍之刊行者,有杜定友之圕概论,及学校圕学;马宗荣之现代圕经营论,及现代圕序说;与沈学植之圕学ABC;张九如之可爱的小圕等六种。而论文之散见于各什志者,都五十余篇。至于期刊之刊行者,则有中山大学圕之周刊,北平圕之月刊,浙江圕之年报,以及民众日报之圕特刊等;此外尚有上海圕协会之会刊,南京圕协会之周刊,均在计划进行之中,距出版时期,当已不远矣。

关于编目条例之编制,中华圕协会,曾一度进行。该会编目委员会主任李小缘君,曾发表征集各圕篇目条例,以便研究之通呕;并述进行方针分为五步骤:（一）编普通图书编目条例;（二）编制中文旧籍条例;（三）编中文书籍编目参考书书目;（四）协会编印目录片出售。

北平圕,有《中国图书大辞典》(又名经籍考)之编辑,由梁任公主持,惟因工作浩繁,需时颇久,刻正在进行之中。凡丛书,曲本,词,方志,书目,丛帖,明代别集,年谱,自晋迄唐子史两部佚书,均在从事编查中。

检字方法,除王云五之四角号码检字法,及张凤之面线点检字法,流行较广外,其余新法之发明者,有瞿重福之首末笔检字法,陈立夫之五笔检字法,陈文之首尾面线点检字法等。

(四)关于圕人才之训练者 武昌文华之圕学校,虽两经兵乱,仍继续办理。该校旧教授韦棣华女士,并特由美来华,就教于该校,其第一届业已期满毕业,刻正续办第二届。

十七年夏季,上海东方圕,创办暑期圕讲习所,由王云五君主讲检字法,分类法,编目法等。讲授一星期后,并在东方圕实习三星期,各地圕及各学校之派员听讲者颇多,共计学员有百余人之众。

(五)各种圕概况:

甲,国立圕 北平圕,自十六年六月梁启超李四光辞正副馆长后,改由范源廉袁同礼担任,但范氏现已去世,馆务由袁主持。关于馆舍之建筑,计划多时,现已于九月三日动工,为期二年,即可落成;馆舍外貌,如中国古代之宫室,而一切栋梁材料,皆因中国产品,内部布置,曾经极详细之考虑,为中国唯一之圕建筑也。

自国府定都南京以来,在首都设立国立圕一事,颇为当局所注意。十六年七月,大学院长蔡元培氏,曾有改组南京省立圕为国立圕之议,并拟聘范源廉氏为馆长,但其后未见进行。十七年五月,开教育会议于南京时,对于国立中央圕之筹备,有具体之计划,一俟经费有着,大约即需进行也。

乙,大学圕　著名各大学之圕,最近均有发展。如广州中山大学圕,最近添购书籍达十余万册,聘专家杜定友等管理;南京中央大学圕,自改组以后,初由皮宗石任馆长,现由崔萍村兼任馆长;上海暨南大学圕,自新舍落成后,即大加扩充,添购新书五万余元,并征集各省府县志,由英文系主任叶崇智兼任馆长;清华学校自戴志骞辞退后,由洪有丰继任,馆舍有扩充之议;浙江大学则拟以五十万元建筑圕,现先造一部分,业于十七年十月间招标兴建,馆务现由杨昭悊及其夫人王京生主持;沪江大学,于十七年二月募建新圕,九月落成。

丙,省立圕　江苏之省立圕,于十七年间改为中央大学国学圕,由柳翼谋任馆长,内部加以整理,并刊印善本书籍。浙江公立圕,自于十六年间改为浙江圕后,组织略有更改,内部亦加以整理。

丁,地方圕　各地之地方圕,年内创设者颇多,如江苏各县之通俗教育馆,大都附有圕部,此外圕之独立设置者亦颇多。而上海特别市教育局,则于十七年十一月发表建设公共圕之计划,设总馆于中心地点,而在各区设立

88

之分馆,拟定开办费十三万元,经常费每月一千五百元。俟经费有着,即可进行。厦门鼓浪屿则以逆产房屋,充为圕舍,创设中山圕,此地方圕之大略情形也。

附录二　圕学著作选目

凡　　例

（一）本篇集合民国以来至十七年十二月止——关于中文圕学之书籍，及散见于各种书报杂志中之论文，择其重要者，混合而编制之。期刊专刊，另附于后。

（二）本篇选录标准根据下列各点：

    1. 内容丰富有参考之价值者

    2. 与圕学有直接之关系者

    3. 未经发表或尚未出版者不录

（三）凡非单行书本均注明见于何处。

（四）篇中所注罗马字表明杂志卷数，中国数字表明号数。例如"教育杂志ⅩⅧ九至十"表明教育杂志十八卷第九期至第十期。

（五）杂志之出版期兼以月份注明于年份下，如"民十五、九"即民国十五年九月也。

（六）本篇仅系敏甫个人所调查，遗珠之憾在所不免，倘蒙海内贤达赐以补正则所深幸。

（七）本篇依杜著世界图书分类分类排列法。

著者	书名或篇名	见于何处	发行所及出版期	备注
总论				
杜定友	圕学的内容和方法	教育杂志XⅧ九至十	商务、民十五、九至十	
杜定友	圕学概论		商务、民十七	
杜定友	圕学之研究	圕杂志，创刊号	上海圕协会、民十四、六	
杜定友	圕常识	南洋周刊	上海南洋大学、民十五、一至七	
高尔松	阅览室概论		上海新文化书社、民十四	一角五分
马宗荣	现代圕的序说	学艺Ⅴ九、十	民十三,三	
	又		商务、民十三	四角
马宗荣	现代圕经营论	学艺Ⅵ四八 Ⅶ七八九十	商务、民十三、八至十五、六	
	又		商务、民十七	一元
沈学植	圕学ABC		上海世界、民十七	五角
杨昭悊	圕学二册		商务、民十二	一元二角
特濬明译	图书学序论	学林杂志Ⅲ三	北平、孚林杂志社、民十五	
叶德辉	书林清话四册		长沙自刻本、民九	四元

蔡莹	圕简说		中华、民十一	一角五分
鄯韫三	圕管理法		山西太原、晋新、民九	二角
戴志骞	圕学术演讲稿	教育丛刊Ⅲ六	中华、民十二、一	
戴志骞	圕学简说	新教育Ⅶ四	商务、民十二、十一	
顾实	圕指南		上海医学书局、民七	九角
通俗教育研究会	圕小识（日本圕协会原著）		北平、通俗教育研究会、民六、	三角五分
朱元善	圕管理法		商务、	教育丛书第三集
陈友松	图书革命		民国日报、觉悟、十六年、元旦	
洪有丰	圕组织与管理		商务、民十五	一元
杜定友	推广广东全省学校圕计划		广东教育委员会、民十	

原理

杜定友	圕通论		商务、民十四	三角五分
杜定友	圕与市民教育		广东教育委员会、民十一	
杜定友	圕在社会上之特殊的位置	中大圕周刊Ⅳ二	广东中大出版部、民十七、八	
胡庆生讲	教育与公共圕	时事新报学灯	民十二、六、十四	
李小缘	藏书楼与公共圕	圕学季刊Ⅰ三	中华圕协会、民十五、九	

贺岳僧	藏书事业与学者之关系	时事新报鉴赏十三至十五	民十四、八至十
刘衡如	近代圕之性质	时报	民八、九、廿九
朱家治	师范教育与圕	新教育Ⅳ五	商务、民十一、五
余逸子	圕和教育	广东群报	民十、十一、二十六至十二、一
常道直	圕和教育	教育杂志ⅩⅣ六	商务、民十一、六
程本海	圕和教育	微音月刊第一期	民十六
冯陈祖怡	圕教育急宜发展之理由及其计划	教育丛刊Ⅲ六	中华、民十二、一
戴志骞	圕与教育	教育汇刊第一集	南京、高师、民十
穆耀枢	圕与大学生		成都、华阳书报流通处、民十三、五
杨昭悊	大学校和圕	学林杂志Ⅰ	北平、学林杂志社、民十
戴志骞	圕与学校	教育丛刊Ⅲ六	中华、民十二、一
伊稿	圕与学校	广东群报	民十一、十七至十八
杜定友	国家主义与圕	中华教育界ⅩⅤ一	中华、民十四、七

杜定友	圕与地方自治	松江暑期讲习会学术演讲集	上海、新文化书社、民十三	

论文研究

杜定友	圕	圕学季刊Ⅱ一	中华圕协会、民十六、九	
陈伯逵	圕字之根据和读法	民众日报圕特刊第一期	民十七、七、八	
沈祖荣	提倡改良中国圕之管见	新教育Ⅵ四	商务、民十二、四	
李小缘	中国圕计划书	圕学季刊Ⅱ二	中华圕协会、民十七、三	
	又		南京书店、民十六	二角
杨贤江	圕利用法	学生杂志Ⅻ十一	商务、民十四、十一	
穆耀枢	改良中国圕管见		成都、市立通俗教育馆、民十三	
杜定友	研究圕学之心得	圕周刊Ⅰ一	中大出版部、民十七、三	
杜定友	十年回忆录	圕周刊Ⅰ四	中大出版部、民十七、四	
刘国钧	现时中文圕学书籍评	圕学季刊Ⅰ二	中华圕协会、民十五、六	

陈伯逵	圕常识问答	民众日报、圕特刊、第一二三期	民十七、七、八、十五、十、廿一
金敏甫	西文圕字体及其书法	圕周刊Ⅳ四	中大出版部、民十七、八
胡朴安	论藏书	民国日报觉悟	民十五、十、四
胡朴安	论版本	民国日报觉悟	民十五、十、六
胡朴安	论刻书	民国日报觉悟	民十五、十、二

会社

	中华圕协会成立记	浙江公立圕年报第十期	民十四、七、集新闻报及申报教育新闻
梁启超	中华圕协会成立会演说词	中华圕协会年报第一期	民十四、六
		时事新报学灯	民十四、六、七
		晨报副刊一二〇二号	民十四、六、二

中华教育改进社年会报告——圕教育组

第一届	新教育Ⅴ三	商务、民十一、三
第二届	新教育Ⅶ二三期	商务、民十二、十
第三届	新教育Ⅸ三期	商务、民十三、三
第四届	新教育Ⅺ二	商务、民十四、九

	中华教育改进社全国教育展览会圕教育组报告	新教育Ⅸ五	商务、民十三、十二、	
	各市圕协会章程汇录	中华圕协会、会报、Ⅰ五	民十五、三	
孙心磐	上海圕协会概况	圕学季刊Ⅰ一	中华圕协会、民十五、三	

历史及现状

陆费逵	世界圕状况	世界教育状况第十四编	商务	教育杂志临时增刊
钟显谟	中国古来之圕	民铎Ⅵ	商务、民十四、一	
唐铁康	我国的圕事业	时事新报学灯	民十二、八、十七	
沈祖荣	民国十年之圕	新教育Ⅴ四	商务、民十一	
沈祖荣	民国十一年之圕教育	新教育Ⅵ二	商务、民十二、二	
戴志骞	民国十五年之圕	清华周刊、十五周纪念刊	北平、清华学校、民十五	
金敏甫	中国现代圕事业概况	圕周刊Ⅰ一四	中大出版部、民十七、三、四	

金敏甫	中国圕学术史	圕周刊Ⅱ一	中大出版部、民十七、五	
金敏甫	圕事业之发展	圕周刊Ⅱ六	中大出版部、民十七、七	
沈祖荣	中国全国圕调查表	教育杂志Ⅹ八	商务、民七、八	
沈祖荣	中国各省圕调查表	新教育Ⅹ一至二	商务、民十一、八	
	中国各省圕概况一览表	教育杂志ⅩⅥ十二	商务、民十三、十二	
	全国圕调查表	中华圕协会会报Ⅰ三	民十四、十	
	各地圕沿革（一）	民众日报特刊第三期	民十七、十、廿二	
	上海圕调查表	圕杂志创刊号	上海圕协会、民十四、六	
朱雨轩	上海圕之调查	时事新报学灯	民十五、八、二十、至九、三十	
聂光甫	山西藏书考	中华圕协会会报Ⅲ六	民十七、六	
	鲍士伟博士来华记	浙江公立圕年报第十期	民十四、七	集新闻报

朱家治译	鲍士伟博士至中华圕协会及中华教育改进社报告书	中华圕协会会报Ⅰ二	民十四、八
	又第二次报告书	中华圕协会会报Ⅰ三	民十四、十
朱家治译	鲍士伟博士考察中国圕后之言论	圕学季刊Ⅰ一	中华协会、民十五、三
洪有丰	清代藏书家考	圕学季刊Ⅰ一二三四Ⅲ一	中华圕协会、民十五、三、六、九、主、又民十六、二十
袁同礼	宋代私家藏书概略	圕学季刊Ⅱ二	中华圕协会、民十七、三
袁同礼	明代私家藏书概略	圕学季刊Ⅱ一	中华圕协会、民十六、十二
袁同礼	清代私家藏书概略	圕学季刊Ⅰ一	中华圕协会、民十五、三
杜定友	日本圕参观记	教育杂志ⅩⅨ一三、三	民十六、一、三
金敏甫译	美国国会圕概况 Bishop，W.W.著	时事新报学灯	民十五、六、二十二至二十三

雪英	圕专家略历	民众日报圕特刊、第一二期	民十七、七、八、十五
美意	美京国会圕中国图书记	东方 XIV 三	商务、民六、三
植松安	美国之圕	教育公报 III 五	民七、二

行政及管理

杜定友	圕与女子职业	妇女 XIV 四	商务、民十七、四
杜定友	圕学选撰法		商务、民十五
王重民	史记版本和参考书	圕学季刊 I 四	中华圕协会、民十五、十二
鹊脑	版本脞话	新闻报	民十五、十、十
叶长青	论版本与校勘学之关系	国学专刊 I 一	群众图书公司、民十五
熊开张	怎样买书	学生 XII 十一	商务、民十四、十一
朱家治	杜威及其十进分类法	圕学季刊 I 二	中华圕协会、民十五、六
沈祖荣 胡庆生	仿杜威书目十类法		武昌文华公书林、民十一
沈丹泥译 Richardson,E.A.著	图书分类原理	圕学季刊 I 二	中华圕协会、民十五、六

杜定友	图书分类法		上海圕协会、民十四	平 一 元 六角 精二元
杜定友	图书分类法出版以后之讨论	圕学季刊Ⅰ二	中华圕协会、民十五、六	
洪有丰	克特氏及其展开分类法	圕学季刊Ⅰ三	中华圕协会、民十五、九	
查修	中文书籍分类法商榷	清华学报Ⅱ一	北平、清华、民十四、六	印有单行本
查修	杜威书目十类法补编		北平、清华、民十三	
董仲琴	甲骨金石书目分类略述	圕周刊Ⅱ三	中大出版部、民十七、五	
桂质柏	杜威书目十类法		济南、齐鲁大学、民十四	纸七角、布一元
陈伯逵	中外一贯实用图书分类法的对象和使用法	民众日报圕特刊第二三期	民十七、八、十五、十、廿二	
陈天鸿	中外一贯实用圕分类法		上海、民立中学、民十五	二元
吴敬轩	对于中文旧书分类的感想	圕学季刊Ⅰ三	中华圕协会、民十五、九	

戚其芊	中国史学分类及重要史籍	青年进步、九五	上海青年会全国协会、民十五、七	
黄文弼	对于改革中国图书部类之意见	圕学季刊Ⅰ二	中华圕协会、民十五、六	
刘国钧	四库分类法之研究	圕学季刊Ⅰ三	中华圕协会、民十五、九	
刘国钧	中国现代图书分类	圕学季刊Ⅱ一	中华圕协会、民十六、十二	
容肇祖	中国图书分类的沿革之问题	圕周刊Ⅳ一、五	中大出版部、民十六、七、八	
杜定友	著者号码编制法	上海圕协会、民十四		三角
中山大学圕	编目股办事细则	圕周刊Ⅳ一五	中大出版部、民十七、八	
杜定友	图书目录学		商务、民十六	四角
沈祖荣	图书编目之管窥	圕季刊Ⅰ一四Ⅱ一	中华圕协会、民十六、十二	
沈祖荣	中国圕目录应采用书本式抑卡片式	圕季刊Ⅰ三	中华圕协会、民十五、九	
杜定友	西洋圕目录史略	圕季刊Ⅰ三	中华圕协会、民十五、九	

查修	编制中文书籍目录的几个方法	东方杂志ⅩⅩ廿二至廿三	商务、民十二、十一至十二	
查修	中文书籍编目问题	新教育Ⅳ一二期	商务、民十三、九	
金敏甫	洪年圕编目概况	暨南周刊Ⅱ十一	真茹暨大、民十七、五	
黄维廉	中文书籍编目法	新教育Ⅷ四	商务、民十三、五	
刘国钧	图书目录略说	圕季刊Ⅱ二	中华圕协会、民十七、三	
王云五	号码检字法	东方ⅩⅫ十二	商务、民十四、六	
王云五	四角号码检字法	东方ⅩⅩⅢ三	商务、民十五、二	印有单行本
	又(二次改订)		商务、民十七	
杜定友	汉文排字法		上海圕协会、民十四	二角
林语堂	图书索引之又一据法	圕学季刊Ⅰ一	中华圕协会、民十五、三	
张凤	形教检字法		真茹暨南大学、民十六	
陈文	首尾面线检字法		上海、香山路、振兴里、一六六号 民十六、十、	
万国鼎	汉字母笔排列法	东方杂志ⅩⅩⅢ二	商务、民十五、一	

万国鼎	修正汉字母笔排列法	圕学季刊Ⅰ二	中华圕协会、民十五、六

建筑

杜定友	科学的圕建筑法	东方ⅩⅩⅥ九	商务、民十六、五
杜定友	中山大学圕书库计划书	圕周刊Ⅰ二	中大出版部、民十七、四

参政

朱家治	圕参考部之目的	新教育Ⅴ一二期	商务、民十一、八
杜定友	几部重要的参考书	复旦Ⅰ二	民十四、一
杜定友	皇朝通典提要	南针Ⅰ一	民十五、四

装订

赵邦荣	装订书籍实习记	圕学季刊Ⅰ三	中华圕协会、民十五、九
徐祝颜	线装书改装的讨论	圕周刊Ⅲ五	中大出版部、民十七、六

各种圕

王述之	苏四师小协动教学部儿童圕概况报告	中华教育界ⅪⅤ五	中华民十五、十一
杜定友	儿童圕问题	教育杂志ⅩⅧ四	商务、民十五、三

103

杜定友	小学圕问题	中华教育界 XV十二	中华、民十五、六	
胡昌才	小学校儿童 圕之研究	教育汇刊 第一集	南京、高高、民十	
金鼎一	儿童圕的调查	中华教育界 XII九	中华、民十二、四	
李明澈	儿童文库整 理法	通俗教育丛 刊第七辑	北平、通俗教育研究 会、民九、十	
张九如	可爱的小圕		中华、民十七、三	四角五分
陈逸译	儿童圕之研究 日本今泽慈海、 竹贯宜人原著		商务、民十三	三角
黄竞白	小学校内的圕	教育界 VI X 二	中华、民十三、八	
刘衡如	儿童圕与儿 童文学	教育界 X 六	中华、民十一、一	
陆规亮	通俗圕	教育公报 III四	民四、八	
刘衡如	美国公共圕 概况	新教育 VII一	商务、民十二、八	
叶谦谅	举办巡回圕的 具体办法	中华教育界 X VI九	中华、民十六、三	
谢扶雅	公共圕与巡回 文库	中华教育界 V III六	中华、民八、十二	
李小可	东方圕开幕 志盛	时报	民十五、五、三	

鼎亨	廷顿圕记	中华圕协会报Ⅲ一	民十六、九	
	东方圕概况		上海、东方、民十五	
李小缘	美国公共圕之组织	圕学季刊Ⅰ四	中华圕协会、民十五	
朱正色	论学校圕	教育界Ⅷ三	中华、民八、九	
沈祖荣 胡庆生	中学圕几个问题	新教育Ⅸ一二期	商务、民十三、九	
杜定友	最低限度的中学圕	圕周刊Ⅰ五	中大出版部、民十七、四	
杜定友	中学圕的几个问题	教育界ⅩⅣ十二	中华、民十四、六	
杜定友	学校圕学		商务、民十七	八角
杜定友	学校圕管理法	新教育Ⅳ五	商务、民十一	
陈天鸿	上海民立中学圕概况		上海民立中学、民十五	
黄竞白	东大附小圕概况	初等教育Ⅱ四	商务、民十三、十二	
杜定友	中山大学圕现状述略	圕周刊Ⅰ三	中大出版部、民十七、四	
杜定友	大学圕问题	教育界ⅩⅤ八	中华、民十五、二	
杜定友	大学圕的需要	教育界ⅩⅣ六	中华、民十三、十二	
中山大学圕	十六年度年报		中大出版部、民十六	

中山大学 圕	十七年度年报	圕周刊Ⅲ六	中大出版部、民十 七、七
洪有丰讲	东南大学圕 述要	新教育Ⅵ一	商务、民十二、一
叶崇智	洪年圕之经过 及现在概况	暨南周刊Ⅱ十	真茹暨大、民十七、五
金敏甫	暨大圕之过去 现在及将来	暨南半月刊廿 周纪念	真茹暨大、民十六、六
董维廉	约翰大学圕	新教育Ⅶ一	商务、民十二、六
南开大 学圕	天津南开大学 圕一览		天津南开、民十六
刘聪强	清华圕	新教育Ⅳ一	商务、民十一、十
戴志骞	清华学校圕 概况	圕学季刊Ⅰ一	中华圕协会、民十 五、三
穆耀枢	圕与大学生		成都华阳书报流通处、 民十三
梁格	一九二七年 之大学圕	圕周刊Ⅰ一	中大出版部、民十 七、三
储伟	家庭图书室 问题	妇女杂志 ⅩⅢ七	商务、民十六、七
尚木	儿童与家庭 图书室	妇女杂志 ⅩⅢ七	商务、民十六、七

刘葆儒译 Purinton, E. E. 著	论公司设立圕 个人效能论 第十章	刘译:实业上	商务,民十五
孙心磐	商业圕之组织	商业杂志Ⅱ七	上海、商业杂志社、民 十六、七
孙心磐	商业圕概况	总商会月报 Ⅲ七	上海、总商会、民十 二、七
	北平圕第一周 年报告(十五年 七月至十六年 六月)		北平、北平圕、民十七　二角
	北平圕略史	北平圕月刊 Ⅰ一	北平、北平圕、民十七

圕学教育

金敏甫	上海国民大学 圕学系概况	圕学季刊Ⅰ一	中华圕协会、民十 五、三
金敏甫	中国现代圕教 育述由	圕周刊Ⅱ四	中大出版部、民十 七、五
广东全 省教育 委员会	圕管理员养成 所报告		广州、全省教育委员 会、民十一
	中华圕协会 圕学暑期学 校之经过	中华圕协会 会报Ⅰ四	民十四、十二

| 陈新民 | 美国大学专门与师范学校之圖科 | 教育公报Ⅶ八至九 | 北平、教育部、民九、八至九 | |

目录学

杜定友	校雠新义叙	圖周刊Ⅲ二	中大出版部、民十七、六	
许云樵	目录学	振声校刊		
容肇祖	目录学家著述的分途	中大圖周刊Ⅳ六	中大出版部、民十八、八	
姚明辉	汉书艺文志姚氏学二册		上海、吴兴读经会、民十三	一元
顾实讲	汉书艺文志讲疏		上海、商务、民十四	八角
	北平编纂中国图书大辞典计划	圖协会会报Ⅱ六	民十六、六	
毛坤	关于中国图书大辞典之意见	中华圖协会会报Ⅲ四	民十七、二	
容肇祖	编辑中国图书志叙例	圖周刊	中大出版部、民十七、五	
梁启超	佛学经录在中国目录学上之位置	圖学季刊Ⅰ一	中华圖协会、民十五、三	

金敏甫	圕学图书目录	国大周刊廿一 至廿五期	上海、国大圕学、民 十五	另印单行 本在上海 圕协会 发行
黄维廉	研究圕学应 备的书籍	圕杂志创刊号	上海圕协会、民十 四、六	
	圕学书目举要	中华圕协会 会报Ⅰ三	民十四、十	
	日本圕学杂 志目录	中华圕协会 会报Ⅰ六	民十五、六	
	欧美各国圕 学杂志目录	中华圕协会 会报Ⅰ四	民十四、十二	
容肇祖	书目志	圕周刊一三四 合Ⅲ一	中大出版部、民十 七、六	
周贞亮 李之鼎	书目举要		南城宜秋馆刊、民九	四角
	书目长编		北平、资研秋、民十七	八角
陈锺凡	书目举要补集		南京金陵大学、东南 大学	
万国鼎	古今图书集 成考略	圕季刊Ⅱ二	中华圕协会、民十 七、三	
杜定友	四库全书述略	南洋季刊 一、二	民十正、一、三	

王伯祥	四库全书述略	小说月报 X VI	商务、民十四、十二
		十一	
李正奋	永乐大典考	圕学季刊 I 二	南京书店、民十五、六
袁同礼	永乐大典考	学衡二十六	中华、民十三、二
袁同礼	永乐大典现	中华圕协会	民十四、十二
	存卷目	会报 I 四	
施廷镛	天禄琳琅查	圕学季刊 I 三	中 华 圕 协 会、民 十
	存书目		五、九

期刊及专刊

名称	性质	编辑者	发行所及创刊期	已出期数	备注
圕学季刊	季刊	中华圕协会	中华圕协会、民十五、三	六期	每期四角全年一元五角
圕杂志	不定期刊	上海圕协会	上海协会、民十四、六	一期	赠阅
圕学术研究号	特刊	教育丛刊社	中 华、民 十二、一		教育丛刊 III 六专号
儿童用书研究号	特刊	中华教育界社	中 华、民 十一、一		教育界 XI 六专号
中华圕协会会报	二月刊	中华圕协会	中华圕协会、民十四、六	十八期	非卖品

北平圕协会会刊	北平圕协会	北平圕协会、民十三			
江苏圕协会特刊	特刊		东大、民十三、八		
北平圕月刊	月刊	北平圕	北平北季圕、民十七	一期	二角
浙江公立圕年报	年刊	浙江公立圕	杭州、浙江公立圕、民五	十一期	非卖品
浙江圕年报	年刊	浙江圕	杭州、浙江圕、民十六	一期	即前浙江公立圕
上海通信圕月报	月刊	上海通信圕	上海通信圕、民十四、八	十二期	每期二分
中山大学圕周刊	周刊	中山大学圕	广州中山大学出版部、民十七、三	二十五期	每期五分每年二元六角
圕周刊	周刊	草堂圕	成都草堂圕、民十五、一	五十二期	
河南第一学生圕馆报	不定期刊	河南第一学生圕	开封第一学生圕民十一	十八期	
民众圕特刊	特刊	民众圕	上海、民众圕、民十五、九		

民众日报圕特刊	不定期刊	陈伯邃	上海民众日报馆、民十七、七	三期	十七年七、八 第一期 八、十五第二期、十、廿二第三期
中华圕协会成立纪念号	特刊	晨报副刊社	北平、晨报馆、民十四、六、二		
欢迎鲍士伟博士增刊	特刊	新闻报教育新闻	上海、新闻报馆、民十四、四、七		
又	又	苏州民益报	苏州民益报、民十四、五		
欢迎鲍士伟博士特刊	特刊	河南教育厅	开封河教育厅、民十四五、三十		
圕展览会特刊	特刊	时事新报学灯	民十五、一、九至十		

　　附录三"全国圕调查表"：载中华圕协会会报四卷第三期，兹不再赘。

112